Stefan Rau

Sonntagsgottesdienst ohne Priester

Laien leiten Liturgie

Herausgegeben von Dietmar Thönnes

Stefan Rau

Sonntagsgottesdienst ohne Priester

Problematik und Hilfen für die Praxis

Mit Gebetstexten von Dietmar Thönnes

Verlag Butzon & Bercker Kevelaer

Die Deutsche Bibliothek – CIP-Einheitsaufnahme

Sonntagsgottesdienst ohne Priester : Problematik und Hilfen für die Praxis / Stefan Rau. Mit Gebetstexten von Dietmar Thönnes. – Kevelaer : Butzon und Bercker, 1999
(Laien leiten Liturgie)
ISBN 3-7666-0234-9

verlags gruppe engagement

ISBN 3-7666-0234-9

Umschlaggestaltung: Günter Grohs, Christoph Kemkes
Satz: Greiner & Reichel, Köln
Druck und Bindung: WILCO, Amersfoort (NL)

Inhalt

Vorwort

Die Reihe „Laien leiten Liturgie" möchte allen Frauen und Männern eine Hilfe sein, die in irgendeiner Weise als Laien Gottesdienste leiten. Zu diesen Gottesdiensten gehört naturgemäß auch der nichteucharistische *Sonntagsgottesdienst ohne Priester* (hier abgekürzt als *SGOP*). Nun liegen aber gerade zu dieser Form des Gottesdienstes neben grundlegenden theologischen Beiträgen[1] auch schon zahlreiche Publikationen mit Strukturvorschlägen, Materialsammlungen und Ideen vor. Es stellt sich also die Frage: Wozu noch ein Buch zu diesem Thema?

Es gibt für den Verfasser mehrere Gründe:

Das Thema ist zukunftsträchtig: Aufgrund des weiter zunehmenden Priestermangels scheint der Notfall SGOP in immer mehr Diözesen und Pfarreien des deutschen Sprachgebietes zum Normalfall zu werden.

Das Thema ist drängend: Zahlreiche Laien werden als Leiterinnen und Leiter solcher Feiern geschult und begleitet. Viele suchen nach Anregungen und Hilfestellungen, Entscheidungs- und Gestaltungshilfen, die theologisch verantwortet und pastoral angemessen sind.

Das Thema ist offen: Wie ein Blick in die verschiedenen Bistumsordnungen zeigt[2], kann man auch mit der gleichen guten Absicht und unter annähernd denselben theologischen Voraussetzungen zu unterschiedlichen Ergebnissen im einzelnen kommen.

---

[1] Vgl. z. B. Schlemmer, K., Priesterloser Gottesdienst – aber wie?: LJ 28 (1978) 31–44; Nußbaum, O., Sonntäglicher Gemeindegottesdienst ohne Priester. Liturgische und pastorale Überlegungen, Würzburg 1985; Spölgen, J., Gottesdienst ohne Priester. Ein Werkbuch für sonntägliche Gemeindefeiern, München 1994, 9–48; Kirchgessner, B., Kein Herrenmahl am Herrentag? Eine pastoralliturgische Studie zur Problematik der sonntäglichen Wort-Gottes-Feiern, Regensburg 1996; Thönnes, D., Gottesdiensten vorstehen. Eine Einführung in die Praxis (Laien leiten Liturgie), Kevelaer 1998.

[2] 1972 erschien ein erstes Wort hierzu in der Diözese Speyer: „An Feriensonntagen auch Wortgottesdienste mit Kommunionfeiern", es folgten dann bis 1980 fast alle deutschen Diözesen mit Ordnungen für priesterlose Sonntagsgottesdienste. Vgl. die Übersicht nach Bistümern bei Nußbaum, Sonntäglicher Gemeindegottesdienst ohne Priester, 107–110; aktualisiert (bis 1987) für die besonders betroffenen Diözesen Limburg, München-Freising, Rottenburg-Stuttgart, Speyer, Trier, Wien und Würzburg bei Kirchgessner, Kein Herrenmahl am Herrentag?, 308–310; die neueste Bestandsaufnahme aller deutschen Diözesen findet sich in: Deutsches Liturgisches Institut (Hg.), Wort-Gottes-Feiern am Sonntag. Erfahrungen und Anregungen (Pastoralliturgische Hilfen 12), Trier 1998.

An einem solch offenen Thema aber sollten möglichst viele mitarbeiten. Da die Gemeinden und ihre für die Gottesdienste Verantwortlichen sehr unterschiedlich sind, können ihnen gar nicht genug theologische und praktische Hilfen angeboten werden. Dieses Buch möchte helfen, indem es anstehende Fragen benennt, Freiräume und Grenzen aufzeigt, vorliegende Überlegungen referiert und denkbare Modelle vorstellt – dies alles in der Hoffnung, daß Gemeinden auch aus den Überlegungen und Versuchen derer lernen, die schon länger in dieser Situation sind.
Zu diesem Buch beigetragen haben viele Frauen und Männer in den Gemeinden durch ihren Glauben, ihr Engagement in der Kirche, ihre Fragen und Ideen, haben Freundinnen und Freunde durch ihre kritische Begleitung und Ermutigung, hat der Herausgeber der Reihe „Laien leiten Liturgie“ durch tatkräftige Unterstützung. Ihnen allen danke ich sehr. Möge das Buch ein weiterer Mosaikstein sein in der für die deutsche Kirche so wichtigen Diskussion um den priesterlosen Sonntagsgottesdienst.

Am Sonntag „Laetare“ 1999 Stefan Rau

1. Theologische Einleitung

1.1 Eine ganz alltägliche Geschichte

In der kleinen Landpfarrei St. Heinrich (1.200 Katholiken) geht der alte Pfarrer in den wohlverdienten Ruhestand und zieht weg. Im Gespräch mit einem bischöflichen Beauftragten wird Gewißheit, was die Gemeindemitglieder schon seit Jahren befürchtet haben: Wegen des wachsenden Priestermangels kann der Bischof der Gemeinde keinen eigenen Pfarrer mehr schicken. Es ist geplant, St. Heinrich in eine größere Pfarreiengemeinschaft von fünf Gemeinden einzugliedern, die sich einen Pfarrer teilen. In das Pfarrhaus am Ort soll eine Pastoralreferentin einziehen, die als Bezugsperson fungieren und die ihr möglichen pastoralen Dienste versehen könnte.
Der alte Pfarrer feierte bisher mit der Gemeinde am Samstag um 18.00 Uhr und am Sonntag um 10.00 Uhr die heilige Messe. Da man nur in der Ferienzeit mit Aushilfsgeistlichen rechnen kann, überlegt der neue „Gesamtpfarrer“ gemeinsam mit dem Pfarrverbandsrat, wie die drei Messen, die ein Priester im Notfall an einem Wochenende feiern darf, gerecht auf alle fünf Gemeinden zu verteilen sind. Die Lösung: In der Zentralgemeinde, in der der Pfarrer wohnt, ist jeden Sonntag um 10.30 Uhr Eucharistie, in den vier kleineren Gemeinden 14tägig im Wechsel am Samstagabend um 18.30 Uhr und am Sonntagmorgen um 8.30 Uhr. In St. Heinrich wird also künftig alle 14 Tage am Sonntag um 8.30 Uhr Eucharistie gefeiert werden – an den Sonntagen dazwischen nicht.
Große Unruhe herrscht in der Gemeinde: Viele Frauen und Männer sind bereit, in Zukunft Verantwortung und Arbeit zu übernehmen, schon der alte Pfarrer hatte zahlreiche Helferinnen und Helfer in der Katechese, der Caritas, der Kinder- und Jugendarbeit gehabt. Man freut sich auch auf eine junge Pastoralreferentin, auf neue Ideen und Begleitung, man ist froh, daß das Pfarrhaus nicht verwaist. Aber ein Sonntag ohne Messe in der *eigenen* Kirche?
Beim Bäcker und auf der Straße schlagen die Wogen hoch: Soll sich jeder einzeln irgendwo eine Messe suchen? Und wenn eine Messe stattfindet, dann zu solch einer unmöglichen Zeit! Eventuell könnte man an den Sonntagen ohne Messe hier in der Kirche einen Bus zur Hauptkirche einsetzen – aber eigentlich fahren sowieso immer alle mit dem Auto. Soll man annoncieren? Vielleicht findet sich ja ein pensionierter Priester, der gegen freies Logis im Pfarrhaus jeden

Sonntag die Messe feiert; Predigt müßte nicht unbedingt sein … Und wie soll das überhaupt mit der Erstkommunion werden, was wird aus der traditionellen Fronleichnamsprozession, wie soll das Ostern gehen? Wird auch in Zukunft am Weihnachtsmorgen die traditionelle „Ucht" um 6.00 Uhr sein und das Hochamt um 10.00 Uhr?
Vor allem die älteren, regelmäßigen Kirchgänger unter den Einwohnern sind ängstlich gespannt, was die Zukunft bringen wird. Einige bestehen mit Nachdruck auf ihrem „guten Recht" – schließlich ist ihre Kirche seit dem Jahre 1120 Pfarrkirche, und hier fand immer eine Messe statt. Andere sind zurückhaltender und geben zu bedenken, daß der Bischof sich die Pfarrer auch nicht aus den Rippen schneiden kann. Die Priesterzahlen gehen nun einmal zurück, und der neue Pfarrer kann wirklich nicht in fünf Kirchen je zwei Sonntagsmessen feiern. Auf jeden Fall möchte man sonntags hier zusammenkommen – sonst fiele die Gemeinde ja ganz auseinander. All das und noch viel mehr werden die Mitglieder des Pfarrgemeinderates zu hören bekommen, die sich demnächst zu einem Planungswochenende mit dem neuen Pfarrer und der Pastoralreferentin treffen werden. Vielleicht gibt es ja doch noch eine Lösung?

1.2 Ein Problem mit vielen Aspekten

Dieses Szenario ist frei erfunden, doch spielt es sich so oder ähnlich seit den 70er Jahren fast wöchentlich in Gemeinden des deutschen Sprachgebietes ab, vor allem deshalb, weil der Priestermangel sich zunehmend in allen westeuropäischen Ländern bemerkbar macht. In einigen Regionen und Diözesen – besonders in solchen mit zahlreichen kleinen Pfarreien – ist das Problem seit Jahren akut, bei anderen taucht es zumindest als Zukunftsfrage auf. Entsprechend unterschiedlich weit gediehen sind Überlegungen, Vorschläge und bischöfliche Ordnungen. Das Szenario umreißt die Aufgabenstellung dieses Buches, grenzt sie aber auch ein:
Es geht nicht um eine kirchliche Gruppe oder Personalgemeinde, die am Sonntag unbedingt ihre Messe mit ihrem Priester zu ihrer Zeit „haben" möchte, sondern um eine Pfarrgemeinde mit eigener Kirche und bislang eigenem Pfarrer.
Es geht nicht darum, daß in einer Pfarrei am Wochenende eine von mehreren Messen wegfallen soll und die Verfechter einer bestimm-

ten Meßzeit nun lieber einen Wortgottesdienst zu ihrer gewohnten Zeit „haben“ möchten, als sich auf eine andere Zeit für die – sehr wohl stattfindende – Eucharistie umzustellen.
Es geht nicht um manchmal bequemes Festhalten an gewohnten Formen, obwohl die Zeiten, die Bedingungen und damit auch die Notwendigkeiten der Pastoral sich ändern.
Es geht vielmehr um den folgenden Fall: Eine lebensfähige (Pfarr-) Gemeinde, die alle wichtigen Lebensfunktionen von Verkündigung, Gottesdienst und Caritas lebt, in deren Kirche aber wegen des Priestermangels am Sonntag keine Eucharistiefeier mehr möglich ist, möchte sich weiter an jedem Sonntag in ihrer Kirche versammeln und sich als Gemeinde Jesu Christi erfahren.
Wenn nun eine Gemeinde in diese Situation gerät – welche Entscheidungen stehen an, welche Fragen sind zu bedenken? Natürlich wird keine Pfarrei mit diesem Problem allein dastehen. Aber nach den bisherigen Erfahrungen führt das Fehlen eines eigenen Pfarrers zu neuem, stärkerem Engagement der Gemeinde am Ort, wie immer auch die Lösungen durch Diözese, Dekanat, Pfarrverband etc. aussehen mögen.
Wie bei anderen Fragen der Gemeindepastoral springt auch bei dieser die Diskussion oft zwischen verschiedenen Ebenen hin und her: Theologische Überlegungen, persönliche Empfindungen, historische Erfahrungen, pastorale Rücksichtnahmen, rechtliche Bedenken ... sie alle haben ihr Recht, aber auch nur ihr Recht. Für eine gerechte Lösung sind alle diese Aspekte zu bedenken, aber auch zu wägen und zu relativieren. Das muß letztlich in der Gemeinde und ihren Gremien geschehen.
Ein wichtiger Schritt in solch einem Entscheidungsprozeß kann schon sein, sich die verschiedenen Ebenen und Fragen bewußtzumachen, die in der Diskussion eine Rolle spielen. Im Fall des priesterlosen Sonntagsgottesdienstes sind das zum Beispiel die folgenden:

- Theologie des *Sonntags* / Sonntagskultur in der Gesellschaft / das wirkliche Erleben des Sonntags im Leben der verschiedenen Mitglieder einer Pfarrei;
- Entwürfe zur *„Gemeinde“*-Theologie / faktisches Erleben von Pfarrei und von mehr oder weniger stabilen Gottesdienstgemeinden innerhalb der Pfarrei (Samstag-18.00-Uhr-Gemeinde, Sonntag-7.30-Uhr-Gemeinde, Werktagsgemeinde, Dienstagnachmittag-Rosenkranz-Gemeinde, Donnerstagabend-Gruppenmessen-Gemeinde);

- Theologie des *Amtes* und der *Leitung* von Gemeinden und Gottesdiensten / Engagement von Laien in vielen Bereichen und Gremien der Gemeindearbeit / Gefühle gegenüber und von Laien, die bei der Eucharistiefeier (im liturgischen Gewand) im Altarraum stehen, die beerdigen oder andere Gottesdienste leiten sollen / die sehr unterschiedlichen Erwartungen an Priester (der „heilige Mann“, der zuständig ist für „das Religiöse“, der Bruder auf dem Weg, der Spiritual der Gemeinde, der leitende Gemeindebeamte, der Fachtheologe etc.) / Situation, Chancen, Grenzen der vielen pastoralen Laiendienste;
- Situation des *Kirchenrechts* in bezug auf den Zusammenhang von Ordination (Weihe) und Leitung der Eucharistie und anderer Gottesdienste, die Bedingungen der Zulassung zum Priesteramt, die Sonntagspflicht und die Meßintentionen;
- Verständnis der *Eucharistiefeier* als Zentrum des Gemeindelebens und Verständnis der Kommunion, der Anbetung und Verehrung als spirituelle Quelle für einzelne / die oft doch sehr individuelle Forderung einzelner nach „ihrer“ Messe zur passenden Zeit am passenden Ort mit dem passenden Priester und der „richtigen“ Gestaltung / ungeprüftes Kommunizieren fast aller Gottesdienstteilnehmerinnen und -teilnehmer sowie die Sorge um die Ehrfurcht im Gottesdienst;
- theologische Wiedergewinnung auch einer Laiengemeinde als Trägerin des Gottesdienstes und empfohlene *Vielfalt auch von Gottesdienstformen,* die ohne Priester stattfinden können / das umgekehrt proportionale Anwachsen der Zahl der Meßfeiern zum Schwund der Mitfeiernden / das faktische Verschwinden von Andachten und anderen Formen der „von unten“ getragenen Volksfrömmigkeit;
- Aufwertung des *Wortes Gottes* und der Wortgottesdienste und Möglichkeiten der Laienpredigt außerhalb der Eucharistie / die Fixierung und entsprechende Frustrierung aller diesbezüglichen Erwartungen auf die Sonntagseucharistie.

Bei der Diskussion dieser Themenfelder kann das vorliegende Werk nur die eine Hälfte beitragen: die bisherige Entwicklung skizzieren, theologische Argumente diskutieren und pastorale Schlußfolgerungen formulieren, die aus Sicht der Theologie, der Liturgik und des Rechtes verantwortet scheinen. Die zweite Hälfte kann nur vor Ort geschehen, denn allein die Beteiligten sind imstande, ihre

Situation mit den theologischen Grundlagen zu konfrontieren. Hierbei sind die Situation der Gemeinde zu bedenken, ihre Geschichte, die gewachsenen Formen der Frömmigkeit, die Bedürfnisse der Gemeindemitglieder und ihre Möglichkeit und Bereitschaft zur Mitarbeit, die Prägung durch die jetzigen und die ehemaligen pastoralen Mitarbeiterinnen und Mitarbeiter etc. Zu bedenken sind auch die oft vorhandenen Animositäten zwischen Nachbardörfern oder -gemeinden, „die noch nie miteinander konnten“. Vielleicht läßt sich ja auch nach Jahrhunderten daran etwas ändern, aber sicherlich muß man solche Realitäten berücksichtigen – hier ähneln manche Kooperationsbeschlüsse in ihrer Arglosigkeit den afrikanischen Reißbrettgrenzen, die die Kolonialmächte gegen alle ethnischen und kulturellen Gegebenheiten festlegten.

1.3 Kirchliche Dokumente zum Sonntagsgottesdienst ohne Priester

Da man die Ordnungen kennen sollte, mit denen man vor Ort dann situationsabhängig umgeht, sammeln wir hier zunächst die zentralen Aussagen der wichtigsten amtlichen Dokumente zu diesem Thema. Da nicht alle Papiere den Laienmitarbeiterinnen und -mitarbeitern im Original zur Verfügung stehen, werden wichtige Passagen auch in längeren Zitaten (kursiv gedruckt) zugänglich gemacht.

1.3.1 Die Liturgiekonstitution des Zweiten Vatikanischen Konzils

Das erneuerte Kirchen- und Liturgieverständnis der katholischen Kirche, wie diese es im Zweiten Vatikanischen Konzil zum Ausdruck brachte, schlug sich gleich in dessen zuerst verabschiedetem Dokument nieder, der Liturgiekonstitution „Sacrosanctum Concilium“[3]. Diese enthält in einem ersten Kapitel „Allgemeine Grundsätze zur Erneuerung und Förderung der heiligen Liturgie“ (Art. 5–46). Dort heißt es:
„Zu fördern sind eigene Wortgottesdienste an den Vorabenden der höheren Feste, an Wochentagen im Advent oder in der Quadragesima sowie an den Sonn- und Feiertagen, besonders da, wo kein

[3] Deutsch in: Rahner, K./Vorgrimler, H., Kleines Konzilskompendium. Sämtliche Texte des Zweiten Vatikanums (Herderbücherei 270), Freiburg u. a. [26]1996.

Priester zur Verfügung steht; in diesem Fall soll ein Diakon oder ein anderer Beauftragter des Bischofs die Feier leiten" (SC 35,4).
Der lateinische Text beginnt übrigens: „Foveatur sacra Verbi Dei celebratio", was sich sehr angemessen übersetzen läßt mit „Wortgottesfeier", die somit als wirkliche Liturgie der Kirche bestätigt wird.
Als wichtige Kennzeichen dieser Feier sind schon hier festzuhalten:

- Die Kirche empfiehlt unbeschadet der Sonntagspflicht die Teilnahme an Wortgottesfeiern in der eigenen Gemeinde, nicht etwa das Ausweichen der einzelnen in die Meßfeiern der Nachbargemeinden.
- Diese Feiern sind nicht „Privatsache" der Versammelten, die einen Gottesdienst „machen" wollen, sondern wirkliche Liturgie der Kirche. Das drückt sich auch dadurch aus, daß sie geleitet werden von einer/einem Beauftragten des Bischofs.

Ein weiterer für unsere Frage fundamentaler Artikel der Liturgiekonstitution ist der erste Abschnitt zur Reform des liturgischen Jahres, der den Sonntag behandelt. Dieser war trotz des Reformversuchs des Konzils von Trient im 16. Jh. zunehmend von Heiligenfeiern verdeckt worden. Das Zweite Vatikanische Konzil wollte ihn als Urfeiertag der Christenheit wiedergewinnen. Er ist ausgezeichnet durch die Feier der Eucharistie, zu der sich die Gemeinde an diesem Tag um ihren Herrn versammelt.
„Aus apostolischer Überlieferung, die ihren Ursprung auf den Auferstehungstag Christi zurückführt, feiert die Kirche Christi das Pascha-Mysterium jeweils am achten Tage, der deshalb mit Recht Tag des Herrn oder Herrentag genannt wird. An diesem Tag müssen die Christgläubigen zusammenkommen, um das Wort Gottes zu hören, an der Eucharistiefeier teilzunehmen und so des Leidens, der Auferstehung und der Herrlichkeit des Herrn Jesus zu gedenken und Gott dankzusagen ... Deshalb ist der Herrentag der Ur-Feiertag, den man der Frömmigkeit der Gläubigen eindringlich vor Augen stellen soll, auf daß er auch ein Tag der Freude und der Muße werde ... denn der Herrentag ist Fundament und Kern des ganzen liturgischen Jahres" (SC 106).
Festzuhalten ist hier:

- Die Schlußfolgerungen für die Praxis beginnen: „An diesem Tag müssen die Christgläubigen zusammenkommen" – es geht primär um die Grundbewegung christlicher Gemeinde, sich um ihren Herrn in Wort und Sakrament zu versammeln, nicht um die

Erfüllung der moralischen Pflicht des einzelnen, irgendwo an einer Messe teilzunehmen.

- Ausdrücklich genannt wird, „das Wort Gottes zu hören". Der Abschnitt formuliert keine rechtliche Norm, aber er steht mit dieser Betonung in auffälligem Gegensatz zur bis dahin geltenden Kasuistik, die das Versäumen der Verkündigung in der „Vormesse" nicht als schweren Verstoß gegen die Sonntagspflicht wertete.

1.3.2 Der Beschluß „Gottesdienst" der Gemeinsamen Synode der Bistümer in der Bundesrepublik Deutschland

Die „Würzburger Synode" (1971–1975) war das große Ereignis der deutschen Kirche in der Folge des Zweiten Vatikanischen Konzils. Manche ihrer Beschlüsse warten ähnlich wie einige Konzilsdokumente bis heute auf ihre praktische Rezeption und Umsetzung. Der Synodenbeschluß „Gottesdienst"[4] stellt seitdem die höchstrangige amtliche Äußerung der ganzen deutschen Kirche zu unserem Thema dar. Die wesentlichen programmatischen Passagen lauten:

„1. Feier der Glaubenden – Feier des Glaubens ...
2. Der Sonntag des Christen ...
2.4 Die gottesdienstlichen Versammlungen am Sonntag
2.4.1 Eucharistiefeier
Die Hochform des Gemeindegottesdienstes ist die Eucharistiefeier. Weil es sich um eine Versammlung der ganzen Gemeinde handelt, muß eine feste und wiederholbare Grundform durchgehalten werden, die auf die Gesamtgemeinde ausgerichtet ist ...
2.4.2 Andere gottesdienstliche Versammlungen
Wenn aber am Sonntag ausschließlich Eucharistie gefeiert wird, verarmt das gottesdienstliche Leben der Gemeinde. Deshalb sollten auch andere Formen von Gottesdiensten (Vespern, Andachten, Meditations- und Predigtgottesdienste) gepflegt, gegebenenfalls wieder aufgegriffen und erneuert werden."[5]

Der folgende Abschnitt stellt die „Magna Charta" zu unserem Thema dar und wird deshalb hier ausführlich zitiert. Die Texte in ecki-

---

[4] Gemeinsame Synode der Bistümer in der Bundesrepublik Deutschland. Beschlüsse der Vollversammlung. Offizielle Gesamtausgabe, Bd. 1 (hg. im Auftrag des Präsidiums der Gemeinsamen Synode ... von L. Bertsch u. a.), Freiburg u. a. ²1976, 187–225.

[5] Ebd., 197–202.

gen Klammern sind Zusammenfassungen der nicht zitierten Absätze durch den Verfasser.

„2.4.3 Sonntäglicher Gemeindegottesdienst ohne Priester

Die abnehmende Zahl der Priester bringt es mit sich, daß es immer schwieriger wird, jeder Gemeinde an allen Sonn- und Festtagen die Eucharistiefeier zu ermöglichen.

[Keine Lösung durch immer mehr Meßfeiern durch immer weniger Priester / Plädoyer für bessere überörtliche Kooperation / Zentrierung auf Mittelpunktsorte im ländlichen Bereich vermeiden, da auch bei einer wachsenden Mobilität so Lebensgemeinschaften verkümmern]

Doch auch wenn man alle Möglichkeiten ausschöpft, wird die Zahl der Gemeinden ... zunehmen, in denen nur noch ein- oder zweimal im Monat an den Sonntagen eine Eucharistiefeier gehalten werden kann. Pastorale Erfahrungen und liturgische Überlegungen raten aber dringend dazu, in diesen Gemeinden dennoch regelmäßig an allen Sonn- und Feiertagen eine gottesdienstliche Versammlung zu halten ... Die Notwendigkeit solcher sonntäglichen Gottesdienste ... ergibt sich daraus, daß die Gemeinde der Glaubenden von ihrem Wesen und ihrem Auftrag her immer neu auf das Zusammenkommen, die Versammlung, besonders am Herrentag, angewiesen ist, um ihre Gemeinschaft im Glauben zu erfahren und zu bekunden.

[Empfehlung eines gut vorbereiteten Wort- und Kommuniongottesdienstes / Leitung des Gottesdienstes durch einen Diakon oder geschulte und beauftragte Laien]

Eine Gruppe von Angehörigen der Pfarrei (Liturgieausschuß des Pfarrgemeinderates), die derartige Gottesdienste vorbereitet, wird allmählich in die Aufgabe hineinwachsen, auch den Verlauf der Versammlungen am Sonntag pastoral und liturgisch richtig zu planen und durchzuführen. Die Liturgischen Kommissionen der Bistümer sollen in Zusammenarbeit mit dem Liturgischen Institut in Trier dazu Hilfen geben.

[Beim Fehlen hauptamtlicher Mitarbeiterinnen und Mitarbeiter aus liturgisch aktiven Gruppen ehrenamtliche Laien als Gottesdienstleiterinnen und Gottesdienstleiter gewinnen]

Für die Gestaltung dieser Versammlungen, die als Wortgottesdienst vom liturgischen Recht weniger festgelegt sind, empfiehlt es sich, die dafür möglichen Elemente der Meßfeier zu übernehmen: Schriftlesung des Tages, Auslegung durch einen zur Predigt Bevollmächtigten oder einen verlesenen Text, Gesänge, Gebet, Fürbitten,

Vorbereitungs- und Abschlußgebet zur Spendung der Eucharistie (vgl. „Gotteslob“ Nr. 370). Die Mitwirkung des Organisten, der Meßdiener, des Chores u. ä. soll in gleicher Weise wie bei den Sonntagsmessen erfolgen, ohne daß dabei jedoch der Eindruck entsteht, es handle sich um eine Meßfeier, der lediglich das Hochgebet fehlt.
Die Bedeutung der gottesdienstlichen Versammlung für das Leben einer Gemeinde und für den Glauben des einzelnen wie auch die rechte Feier des Sonntags veranlassen die Synode zu der dringenden Einladung an alle Gläubigen in den betreffenden Gemeinden, an den priesterlosen Gottesdiensten nicht weniger als an den eucharistischen Versammlungen teilzunehmen. Damit ist in dieser Situation der Sinn der Sonntagspflicht erfüllt …
Bei all den notwendigen Bemühungen um einen sonntäglichen Gottesdienst ohne Priester muß deutlich bleiben, daß es sich um eine Notsituation handelt, die alle zur Sorge um genügend Priester aufruft.“[6]
Festzuhalten sind auch hier wieder einige Punkte, die bis heute zu bedenken sind:

- Am Sonntag, dem Ur-Feiertag der Christenheit, feiert die Gemeinde Eucharistie. Ideal gibt es nicht Meßangebote für die verschiedensten Bedürfnisse einzelner, sondern die Einladung zu der einen Feier an dem einen Altar, die Jugendliche und Senioren, Familien und Alleinstehende, Handarbeiter und Akademiker zum Herrenleib der Kirche verbindet. Dieses hohe Gut ist zugleich Herausforderung an eine Gemeinde, da jede/jeder sich in Demut zurücknehmen muß um der Einheit willen, die dargestellt und durch Christus, den Herrn des Mahles, neu gestiftet wird. Die Versammlung am Herrentag ist als Lebensader der Gemeinden ein so hohes Gut, daß sie auch durchgehalten werden soll, wenn keine Eucharistie möglich ist. „Damit ist in dieser Situation der Sinn der Sonntagspflicht erfüllt“[7].
- Die Feier der Eucharistie ist das höchste Gut, ihr Zustandekommen in der Gemeinde rechtfertigt alle Anstrengungen, ruft nach Solidarität zwischen Nachbargemeinden, erfordert auch das Leben mit Notlösungen.
- Der Synodentext favorisiert ohne nähere Begründung als Normfall die „Kommunionfeier“, einen SGOP, der aus Wortgottes-

[6] Ebd., 202–205.
[7] Ebd., 205.

dienst und Kommunionteil besteht. K. Schlemmer führte das 1978 auf die positiven Erfahrungen in der DDR zurück, deren Bischöfe 1965 die römische Erlaubnis erhalten hatten, die Kommunion durch Laien („Diakonatshelfer") in die kleinen Außenstationen übertragen und dort austeilen zu lassen (vgl. unten 1.3.3): „In der Euphorie der Notsituation ... hat man sich zweifelsohne auf wertvolle Erfahrungen verlassen, aber man hat versäumt, diese zu reflektieren und zu hinterfragen ... fatale Konsequenzen, die sich daraufhin einstellen können ... wurden noch kaum bedacht oder beiseite geschoben. Man war ja heilfroh, ein gutes Modell zu haben, das bestimmt ankommen wird."[8] So traf die Synode ohne Begründung und arglos eine weitreichende Entscheidung: Fraglos wird vorausgesetzt, daß der Gottesdienstleiter des SGOP das Sakrament dem Tabernakel entnimmt, während in der beispielgebenden DDR-Ordnung der Laienhelfer zunächst an der Sonntagseucharistie in der Pfarrkirche teilnahm, um daraus das Sakrament zur Außenstation mitzunehmen.

Neben der Eucharistie als dem Höhepunkt sind andere Formen gottesdienstlicher Versammlungen empfohlen, da sonst eine Verarmung droht. Der Beschluß konnte diese Tendenz jedoch nicht aufhalten. Entsprechend schwierig ist es heute, den SGOP ohne Kommunionfeier in Gemeinden einzuführen, in denen seit Jahren „Gottesdienst" und „Messe" praktisch Synonyme sind.

1.3.3 Die „Kommunionfeier" im Gotteslob

Praktische Bedeutung erlangte nach dem Zweiten Vatikanischen Konzil der SGOP in Deutschland zunächst in einer ganz spezifischen Form: als „Stationsgottesdienst" in den Diasporagemeinden der DDR.[9] Ph. Harnoncourt beschreibt: „‚Stationsgottesdienste' sind von Laien an Sonntagen (nach Vorlage) gehaltene Wort- und Gebetsgottesdienste auf den ‚Gottesdienststationen' einer weit ver-

---

[8] Schlemmer, Priesterloser Gottesdienst – aber wie?, 37.

[9] Vgl. zur Theologie und Praxis dieser Feiern Aufderbeck, H., Sonntagsgottesdienst ohne Priester: Maas-Ewerd, Th./Richter, K. (Hgg.), Gemeinde im Herrenmahl. Zur Praxis der Meßfeier (FS E.J. Lengeling), Freiburg u.a. 1976, 91–96; ders., Wortgottesdienste. Kommunionfeiern am Sonntag, Graz 1979; Cramer, J., Die Stationsgottesdienste in der DDR. Sonntäglicher Gottesdienst ohne Priester in der Diaspora: LJ 29 (1979) 212–225; Nußbaum, Sonntäglicher Gemeindegottesdienst ohne Priester, 98f.: „Erfurter Modell".

zweigten Diasporagemeinde. Sie werden seit mehr als 30 Jahren gefeiert; seit 1965 werden sie im gesamten Bereich der DDR nach der vorliegenden Grundordnung einer Kommunionfeier gehalten."[10]
Die Tradition solcher Gottesdienste reicht in Mitteldeutschland zurück bis ins 19. Jh., seit 1949 wurden sie in der DDR als „Laien- und Hausandachten" gepflegt. Man hatte dann in der DDR zunächst versucht, auf den Außenstationen reine Wortgottesdienste zu feiern, diese waren aber Anfang der 60er Jahre wohl zu ungewohnt. So beantragten die Bischöfe in Rom die Erlaubnis, daß die Diakonatshelfer in der beschriebenen Weise die heilige Kommunion auf die Außenstationen mitnehmen und dort austeilen dürften. 1965 erhielt die Berliner Ordinarienkonferenz als erste in Europa die Erlaubnis der Kommunionspendung durch Laien, was zu einem großen Aufschwung der „Stationsgottesdienste" führte.
Spezifika dieser Stationsgottesdienste sind unter anderem:

- Sie versammeln kleine Teilgruppen einer Pfarrei, die so weiträumig ist, daß unter den Verkehrsverhältnissen der DDR nicht alle Gemeindeglieder zur zentralen Sonntagseucharistie zusammenkommen konnten.
- Sie sind in der Regel nicht begründet durch zunehmenden Priestermangel, sie sind kein Ersatz für früher gefeierte und jetzt weggefallene Eucharistiefeiern, sondern eine positive neue Möglichkeit der Sammlung von Gläubigen, die sich bislang nicht jeden Sonntag versammelten: „In den Bistümern und Jurisdiktionsbezirken der DDR gibt es ungefähr 3000 Außenstationen, in denen vierzehntägig, vierwöchentlich oder vierteljährlich die heilige Eucharistie gefeiert wird."[11]
- Die äußeren Bedingungen der Stationsgottesdienste – wahrlich keine „Äußerlichkeiten" – setzen sehr deutliche Zeichen für die Gemeinschaft mit allen Gemeindegliedern am Sonntag, für den Zusammenhang von Eucharistiefeier und -empfang und für die personale Verbindung mit der Pfarrei durch den gesandten Gottesdienstleiter: „Die Einrichtung der sonntäglichen Stationsgottesdienste hatte vor allem die Aufgabe, die Verbundenheit der gesamten Pfarrgemeinde in der Feier des Herrentages bewußt zu machen ... Die Hauptzielsetzung kam dadurch zum Ausdruck, daß der Leiter dieser Stationsgottesdienste – im Lauf der Zeit ist

[10] Ph. Harnoncourt, Einführung, in: Aufderbeck, Wortgottesdienste, VII.
[11] Ebd., 5.

für ihn die Bezeichnung ‚Diakonatshelfer' üblich geworden – als Gesandter der Pfarre kam. In den meisten Fällen war er kein Bewohner der Außenstation, sondern des Pfarrortes … Der Zusammenhang des Stationsgottesdienstes mit der Sonntagsmesse der Pfarrgemeinde wurde dadurch unterstrichen, daß der Diakonatshelfer nach Möglichkeit zunächst die Pfarrmesse mitfeierte und selbst dort die Kommunion empfing und dann von dieser Pfarrmesse … das Allerheiligste für die Kommunionspendung in die Außenstation mitbrachte."[12]

1975 erschien als erstes gemeinsames Gebet- und Gesangbuch der deutschen Diözesen das Gotteslob. Darin findet sich im Anschluß an die Texte der Eucharistiefeier unter der Nr. 370 eine „Kommunionfeier". Unter diesem Titel verbirgt sich im Gotteslob der erste und bis heute einzige amtliche überdiözesane Entwurf eines SGOP der deutschen Kirche!

Vorbild für diesen Entwurf waren die DDR-Stationsgottesdienste, deren Übertragbarkeit angesichts der ganz unterschiedlichen Voraussetzungen in westdeutschen Gemeinden eigentlich nur sehr bedingt möglich war. Entsprechend groß sind die Verwerfungen und Unstimmigkeiten. So heißt es zum Beispiel unter Nr. 370,4: „Wir stehen in Gemeinschaft mit der Pfarrgemeinde N." – eine Aussage, die in der Situation der Stationsgottesdienste sinnvoll ist, nicht aber in einer kleinen Pfarrei Westdeutschlands, die auf ihre Sonntagseucharistie verzichten muß, jedoch allein deshalb nicht aufhört, Pfarrei zu sein. Aus der in der DDR-Situation verständlichen und in der beschriebenen Weise sinnvollen Übertragung der Eucharistie wird im Gotteslob die Kommunion aus dem Tabernakel – in einer Pfarrkirche mit eigenem Tabernakel wohl kaum anders vermittelbar, in den Konsequenzen gegenüber der DDR-Praxis aber unabsehbar.

Gotteslob Nr. 370 beginnt mit den programmatischen Sätzen:

„Die christliche Gemeinde lebt von der sonntäglichen Versammlung. Wenn in dieser nicht die Eucharistie gefeiert werden kann, soll eine Kommunionfeier gehalten werden. Der Leiter einer solchen Versammlung muß vom Bischof beauftragt sein."

Primär ist auch hier die Versammlung der Gemeinde, nicht die Sonntagspflicht der einzelnen. Der Leiter (Leiterinnen sind 1975

[12] Ebd., XII.

noch nicht im Blick) ist in jedem Fall vom Bischof zu ernennen; interessanterweise macht der Text noch nicht die spätere Unterscheidung zwischen Diakonen und Laien.

Der Aufbau der Feier sieht wie folgt aus:

370,1 Eröffnung (Gesang / Gruß / Einführung / Christusrufe / Gebet)

370,2 Verkündigung des Wortes Gottes (Lesung [evtl. mit Einführung] / Meditation [Antwortgesang, Orgelspiel, Stille] / Evangelium / Homilie / Glaubensbekenntnis)

370,3 Gemeindegebet (Lob / Dank / Buße / Bitte / Lobpreis)

370,4 Kommunion (Gebete um Gemeinschaft mit der Kirche und untereinander / Kollekte / Vaterunser / Kommunion / Danksagung in Gesang oder Gebet)

370,5 Entlassung (Mitteilungen / Segensbitte / Schlußlied)

Ohne diesen Entwurf nun im einzelnen zu diskutieren, lassen sich einige wesentliche Punkte festhalten:

- Es gibt eine Struktur für diese Feierform; sie orientiert sich am Aufbau der Eucharistie. Später aufkommende Alternativvorschläge, die Sonntagsmesse etwa auch durch das Stundengebet oder eine Andachtsform zu ersetzen, sind noch nicht im Blick. Es ist im Gotteslob auch kein Entwurf für einen priesterlosen Sonntagsgottesdienst ohne Kommunionfeier vorhanden.
- Fraglos hält der beauftragte Gottesdienstleiter eine Predigt, die „Homilie" genannt wird.
- Der formal unbestimmteste Teil ist – wie in vielen späteren Vorschlägen bis heute – der dritte, das Bindeglied zwischen Wortgottesdienst und Kommunionteil. Er wird hier als „Gemeindegebet" bezeichnet. 370,3 bringt ein Textbeispiel in Form von Wechselgebeten zwischen Leiter und Gemeinde: 1. Lob = nur geringfügig erweiterter Beginn des Glorias / 2. Dank = anamnetisches Element / 3. Buße und Bitte = Mischform aus allgemeinen Bitten und Für-Bitten / 4. Lobpreis = Schluß des Glorias.
- Da auch der folgende Kommunionteil dann rein verbal mit einem Communiogebet durch den Vorsteher beginnt, dürfte dieser Teil für die Gemeinde schwer zu greifen sein. Das Ganze ist kein Hochgebet, und auch keine andere geprägte Form ist erkennbar, zumal als Teil der Kommunion die Kollekte unmittelbar vor das Vaterunser gelegt ist.

O. Nußbaum resümiert bei der Vorstellung des ursprünglichen „Erfurter Modells": „Zu bedenken wäre auch, daß es für Stationsgot-

tesdienste in der DDR entwickelt wurde, nicht für Gemeindegottesdienste ohne Priester, die in selbständigen Gemeinden [mit Kirche und Tabernakel] gehalten werden."[13]
Es ist kaum abzusehen, wie weitreichend die Folgen davon waren, das in der Sondersituation der DDR-Außenstationen innerhalb riesiger Flächenpfarreien fraglos bewährte Modell auf die völlig andere Situation kleiner, aber selbständiger Pfarreien in Westdeutschland zu übertragen, von denen die meisten lange Zeit einen eigenen Pfarrer, eine eigene Kirche (mit Tabernakel) und selbstverständlich eine oder sogar mehrere Sonntagsmessen hatten.

1.3.4 „Kommunionspendung und Eucharistieverehrung außerhalb der Messe" – Studienausgabe 1976

Dieser Band stellt als Studienausgabe die deutsche Übersetzung des 1973 erschienenen entsprechenden lateinischen Ritualefaszikels dar. Er wurde erarbeitet, „damit auch dieser Teil des erneuerten Rituale Romanum vor seiner definitiven deutschen Ausgabe studiert und erprobt und über die vorzusehenden Anpassungen ... entschieden werden kann"[14].
In aller Klarheit beschreibt die „Allgemeine Einführung" die überlieferte Ordnung der katholischen Kirche, die in der Feier der Eucharistie den Mittelpunkt ihres Lebens sieht, woraus die Anbetungswürdigkeit der fortdauernden sakramentalen Gestalt folgt.
„5. Der erste und ursprüngliche Zweck der Aufbewahrung der Eucharistie außerhalb der Messe ist die Spendung der Wegzehrung; die Aufbewahrung dient in zweiter Linie der Kommunionspendung außerhalb der Messe und der Anbetung unseres Herrn Jesus Christus, der im Sakrament gegenwärtig ist."
Im ersten Kapitel beschreibt der Ritus „Die heilige Kommunion außerhalb der Messe". Sehr deutlich wird zunächst der Zusammenhang zwischen Kommunion und Eucharistiefeier eingeschärft. Für unsere Fragestellung ist relevant:
„14. Die Gläubigen sollen dazu angehalten werden, innerhalb der Eucharistiefeier zu kommunizieren. Der Priester soll sich jedoch

---

[13] Nußbaum, Sonntäglicher Gemeindegottesdienst ohne Priester, 99.
[14] Kommunionspendung und Eucharistieverehrung außerhalb der Messe. Studienausgabe, Freiburg 1976, 4.

nicht weigern, Gläubigen die heilige Kommunion auch außerhalb der Messe zu reichen, wenn sie ihn darum bitten.“
Einschränkungen verdeutlichen den Sinn und die Grenzen dieser Bestimmung: Am Gründonnerstag und am Karfreitag dürfen nur die Kranken außerhalb der liturgischen Feiern der Gemeinde kommunizieren, am Karsamstag ist dieses sogar nur den Sterbenden als Wegzehrung erlaubt (Nr. 16 a–c). An diesen höchsten Festtagen des liturgischen Jahres wird also das Prinzip der einen Gemeinde in der einen Feier sehr hochgehalten, demgegenüber werden Individualrechte der einzelnen Gläubigen eingeschränkt.
Irritierend ist hier die Tatsache, daß das Dokument von Gläubigen im Plural spricht, was dazu geführt hat, daß sich in der Diskussion um Kommunionfeiern am Sonntag ganze Gemeinden darauf beriefen und entsprechend can. 213 des CIC (vgl. dazu 1.3.5) auf ihr Grundrecht pochten. Doch dieser Fall ist im Rituale kaum gemeint: Es handelt von einzelnen Gläubigen, denen es unmöglich ist, an der in ihrer Gemeinde stattfindenden Eucharistiefeier teilzunehmen. Das Rituale hält also am Recht der Gläubigen fest, die Kommunion zu empfangen, enthält aber keine Normen für den SGOP – mit oder ohne Kommunionfeier.
Für die Grundstruktur christlicher Liturgie mit den Elementen Wort und Sakrament ist aus diesem Ritualefaszikel festzuhalten, daß es sich auch beim Darreichen der heiligen Kommunion an einzelne um eine wirkliche, wenn auch kurze liturgische Feier mit Eröffnung, Wortverkündigung, Spendung des Sakramentes und Abschluß handelt. Selbst in lebensbedrohlichen Situationen wie bei der Spendung der Wegzehrung (S. 40–47) soll die Spenderin/der Spender wenigstens ein kurzes Schriftwort vortragen. Es gibt keine christliche Liturgiefeier ohne Verkündigung des Wortes Gottes. Entsprechend besteht fast die Hälfte des Bandes (S. 65–120) aus Auswahllesungen und Antwortpsalmen.

1.3.5 Der Codex Iuris Canonici von 1983

Selbst das Kirchenrecht der katholischen Kirche, kaum bekannt für theologische und pastorale Progressivität, berücksichtigt in can. 1248 § 2 des CIC den Sonderfall des priesterlosen Gottesdienstes (übrigens wörtlich so übernommen in den Katechismus der katholischen Kirche Nr. 2183). Die deutsche Übersetzung lautet:

„Wenn wegen Fehlens eines geistlichen Amtsträgers oder aus einem anderen schwerwiegenden Grund die Teilnahme an einer Eucharistiefeier unmöglich ist, wird sehr empfohlen, daß die Gläubigen an einem Wortgottesdienst [im lateinischen Original heißt es: „liturgia Verbi"] *teilnehmen, wenn ein solcher in der Pfarrkirche oder an einem anderen heiligen Ort gemäß den Vorschriften des Diözesanbischofs gefeiert wird, oder daß sie sich eine entsprechende Zeit lang dem persönlichen Gebet oder dem Gebet in der Familie oder gegebenenfalls in Familienkreisen widmen."*
Positiv zu werten ist hieran sicherlich, daß die Erfüllung der individuellen Verpflichtung zur sonntäglichen Eucharistiefeier nicht unter allen Umständen verlangt, sondern das Gemeindeprinzip als Aspekt der Eucharistie gestärkt wird.
R. Kaczynski[15] kritisiert an diesem Canon allerdings, daß er bei Ermangelung einer Eucharistiefeier die Mitfeier eines sonntäglichen Wortgottesdienstes zwar dringend empfiehlt, dann aber fortfährt: „oder daß sie sich eine entsprechende Zeit lang dem persönlichen Gebet oder dem Gebet in der Familie oder gegebenenfalls in Familienkreisen widmen". Natürlich ist jedes Beten besser als keines, doch gibt das schlichte „oder" die Abstufung zwischen Liturgie der Kirche und privatem Gebet kaum angemessen wieder: Auf der einen Seite steht hier die liturgische Feier, in der eine Gemeinde unter Leitung einer/eines vom Bischof Beauftragten an einem besonderen Ort und in approbierten Formen die Kirche darstellt, auf der anderen Seite eine privat entstandene Initiative „von unten", wo Menschen „eine Zeitlang" (irgend etwas) beten. Der Unterschied liegt wohlgemerkt nicht auf der moralischen, sondern auf der theologischen Ebene: Sicher kann es sein, daß die Teilnehmerinnen und Teilnehmer an dem privaten Gebet viel inniger und überzeugter – also moralisch wertvoller – beten. Theologisch ist aber die erste Versammlung wegen der Erfüllung bestimmter objektiver Kriterien Verwirklichung von Kirche, die zweite privates Tun einzelner Kirchenglieder.
„Wenn Priestermangel besteht, kann der Ortsordinarius zugestehen, daß Priester aus gerechtem Grund zweimal am Tag, ja sogar, wenn eine seelsorgliche Notlage dies erfordert, an Sonntagen und gebotenen Feiertagen auch dreimal zelebrieren" (can. 905 § 2).

---

[15] Vgl. Kaczynski, R., Sonntägliche Kommunionfeier. Irrweg oder legitimer Ausweg?: Altermatt, A.M./Schnittger, T.A. (Hgg.), Der Sonntag. Anspruch – Wirklichkeit – Gestalt (FS J. Baumgartner), Würzburg/Fribourg 1986, 213–224, 217.

Nach dem Willen des Zweiten Vatikanischen Konzils sollen die Seelsorger bei den liturgischen Feiern darauf achten, „daß nicht bloß die Gesetze des gültigen und erlaubten Vollzugs beachtet werden, sondern auch daß die Gläubigen bewußt, tätig und mit geistlichem Gewinn daran teilnehmen" (SC 11). Damit war das Ende des bloßen „Messelesens" im Sinne der Erledigung einer klerikalen Amtspflicht gekommen. Jede Eucharistie soll das Heilsmysterium Christi wirklich feiern, ein anspruchsvoller Dienst besonders für den Vorsteher. Als logische Konsequenz erlaubt der CIC von 1983 jedem Priester pro Tag nur das Vorstehen bei einer Eucharistiefeier. In Notsituationen sind die obengenannten Ausnahmen gestattet.
Vom Buchstaben und Sinn dieses Gesetzes her verbieten sich also Lösungen, bei denen Priester am Wochenende von Messe zu Messe fahren, um allen Gemeinden ihre Eucharistiefeier zu ermöglichen: Die Obergrenze von drei Sonntagsmessen (inklusive des Vorabends) ist strikt einzuhalten.

1.3.6 Empfehlungen der Deutschen Bischofskonferenz von 1983 für die Feier von sonntäglichen Gemeindegottesdiensten ohne Priester

Die Bischofskonferenz bezieht sich in diesem Papier[16] auf die Regelungen, die schon zuvor einzelne Diözesen getroffen hatten, und verabschiedete es, „damit die diözesanen Bestimmungen aufeinander bezogen bleiben", das heißt wohl, damit unbeschadet des Gesetzgebungsrechts der Ortsbischöfe sich keine zu großen Unterschiede innerhalb des Gebietes der DBK ergeben. Die eigentlichen Empfehlungen bestehen aus elf Punkten auf knapp zwei Seiten und ausführlicheren theologisch-pastoralen Erläuterungen dazu auf gut sechs Seiten. Wir referieren die wesentlichen Bestimmungen dieses Papiers:

- In jeder Gemeinde soll eine Sonntagsmesse stattfinden; für dieses Ziel ist die Zahl der Gottesdienste im größeren Umkreis zu überprüfen.

---

[16] Empfehlungen für die Feier von sonntäglichen Gemeindegottesdiensten ohne Priester, Unveröffentlichtes Protokoll der Herbst-Vollversammlung der DBK vom 19.–22.09.1983 in Fulda.

- Um die Eucharistie als Höchstform des Gottesdienstes erfahrbar zu erhalten, wird die Regelung des can. 905 des CIC eingeschärft, wonach der Priester einschließlich der Vorabendmesse am Sonntag im Höchstfall dreimal zelebrieren darf.
- Ist in einer Gemeinde keine sonntägliche Eucharistie zu gewährleisten, soll sie wenigstens regelmäßig jeden zweiten Sonntag stattfinden.
- Muß die Eucharistie entfallen, soll ein SGOP stattfinden. Die Teilnahme daran wird den Gemeindemitgliedern dringend empfohlen, auch wenn sich die Sonntagspflicht im strengen Sinne auf die Teilnahme an der Eucharistie bezieht.
- Bei dieser aufgrund des Priestermangels notwendigen Notlösung soll alles vermieden werden, was dem gerade wiederentdeckten ganzheitlichen Eucharistieverständnis widersprechen könnte (Eucharistie als Sakrament des Neuen Bundes, als Sakrament der Kirche, in ganzheitlicher Gestalt, als Gemeindeversammlung, als Feier der Kirche, als Zeichen der Verbundenheit von Gemeinde und Amt, als die Feier des Sonntags).
- Der SGOP orientiert sich in der Regel am Wortgottesdienst der Eucharistiefeier, vor allem bei der Auswahl der Lesungen. Die Leseordnung soll auch dann berücksichtigt werden, wenn der SGOP der Ordnung des Stundengebetes oder einer Andacht folgt. Auch wenn diese Wiederentdeckung des Konzils noch nicht das Bewußtsein aller Gemeinden prägt, ist die Gegenwart Jesu Christi in seinem Wort zu betonen (SC 7).
- Auch wenn man aus pastoralen Gründen nicht ganz darauf verzichten kann, soll die Verbindung mit einer Kommunionfeier nicht der Regelfall eines SGOP sein. Die Verbindung von Wortgottesdienst und Kommunionfeier, wie ihn auch Gotteslob Nr. 370 vorsieht, ist in vielen Gemeinden üblich geworden und wird sich gerade dort nur schwer wieder abschaffen lassen. Es sollte jedoch bedacht werden, daß die Gefahr groß ist, daß die ganzheitliche Feier der Eucharistie und die Verbindung von Hochgebet und Kommunion verlorengeht.
- Es soll kein SGOP als Ersatz für eine ausgefallene Messe stattfinden, wenn in der gleichen Gemeinde am selben Sonntag zu anderer Zeit noch Eucharistie gefeiert wird.
- Zur Leitung: Über die regelmäßige Einführung eines SGOP in einer Gemeinde entscheidet der Bischof. Die inhaltliche Verantwortung für Vorbereitung und Feier hat der Ortspfarrer. Die Lei-

tung kann kraft seines Amtes dem Diakon übertragen werden, oder es werden haupt- oder ehrenamtliche Laien beauftragt.

1.3.7 Das römische Direktorium „Sonntäglicher Gemeindegottesdienst ohne Priester" der Kongregation für den Gottesdienst von 1988

Dieser Text[17] stellt die bislang letzte höchstautoritative Äußerung des gesamtkirchlichen Lehramtes dar, er wird in den nachfolgenden Dokumenten und Publikationen regelmäßig zitiert und beachtet. Was sind seine wesentlichen Inhalte vor dem Hintergrund der zuvor erläuterten Empfehlungen der DBK?[18]

Das Dokument entsteht aus einem über 20jährigen Prozeß von Anfragen, Antworten und Überlegungen diverser Kongregationen zur Bedeutung und Feier des Sonntags. Seit 1974 wurde zielgerichtet an einem Direktorium über liturgische Laiendienste bezüglich des SGOP gearbeitet, wozu 1975 drei Entwürfe erarbeitet wurden, von denen jedoch keiner zur Beschlußreife gelangte. Seit 1987 wurde das Projekt dann wieder aufgenommen, und es führte schließlich am 2. Juni 1988 zur obengenannten Publikation.

Dem deutschen Heft vorangestellt ist eine Einführung der DBK. Darin beschreiben die Bischöfe knapp die Situation in Deutschland und rekurrieren auf Stellungnahmen der Würzburger Synode, diözesane Richtlinien und die eigenen Empfehlungen von 1983 (vgl. oben 1.3.6). Sie betonen den Rahmencharakter des römischen Dokumentes und dessen Offenheit für das Recht der Bischofskonferenzen und Bischöfe, für ihre Gebiete genauere Richtlinien zu erlassen. So bleiben die bisherigen Regelungen der deutschen Diözesen bis zu einer Überarbeitung in Kraft.

Das Dokument beginnt mit einem Grundaxiom christlichen Lebens, der Heiligung des Sonntags als Herrentag. Zu dieser Heiligung gehören verschiedene Elemente positiver und negativer Art (so die Enthaltung von allen Tätigkeiten, „die den Gottesdienst, die dem Sonntag eigene Freude oder die Geist und Körper geschulde-

---

[17] Deutsch in: Sekretariat der Deutschen Bischofskonferenz (Hg.), Direktorium „Sonntäglicher Gemeindegottesdienst ohne Priester" (2.6.1988) (VApS 94), Bonn 1990.

[18] Vgl. zur Geschichte des Textes mit seinen Entwürfen ausführlich Kirchgessner, Kein Herrenmahl am Herrentag?, 151–169.

te Erholung hindern" entsprechend can. 1247 des CIC), sie gipfelt in der Mitfeier der Eucharistie.

„1. Die Kirche Christi kommt seit der Herabkunft des Heiligen Geistes am Pfingsttag zur Feier des österlichen Mysteriums immer gläubig an dem Tag zusammen, der im Gedenken an die Auferstehung des Herrn „Herrentag" genannt wird. In der sonntäglichen Versammlung liest die Kirche, was in der gesamten Schrift über Christus steht, und feiert die Eucharistie als Gedächtnis des Todes und der Auferstehung des Herrn, bis er wiederkommt.

2. Nicht immer ist jedoch eine volle Feier des Herrentages möglich. Denn es gab und gibt viele Christen, denen ‚wegen Fehlens eines geistlichen Amtsträgers oder aus einem anderen schwerwiegenden Grund die Teilnahme an der Eucharistiefeier unmöglich ist'."[19]

Diese Gründe sind in der Weltkirche sehr verschieden und werden im Folgenden skizziert. Es ist für das Weitere nicht unerheblich, daß sich die Sonntagsheiligung nicht in der Mitfeier der Messe erschöpft, sondern in ihr aufgipfelt. Viele andere Elemente gehören dazu, und diese können auch dann am Sonntag gepflegt werden, wenn eine Mitfeier der Eucharistie nicht möglich ist. Aus diesem Grund sind in einigen Teilkirchen SGOP eingeführt worden, „damit auf die bestmögliche Weise eine wöchentliche Versammlung der Christen stattfinden kann und die christliche Tradition des Herrentages erhalten bleibt" (6.).

Das I. Kapitel entfaltet dann ausgehend von SC 106 (vgl. oben 1.3.1) eine ausführliche Theologie des Sonntags. Die Versammlung zur Gemeinde Jesu Christi im Heiligen Geist ist dabei ein Motiv, das bei der Einladung zur Sonntagseucharistie stark zu betonen ist.

Das II. Kapitel bietet allgemeine Bestimmungen für den SGOP, die sich zum Teil von den deutschen Regelungen unterscheiden. Eine überraschende Variante steht am Beginn:

„18. Wenn an einem Ort am Sonntag keine Messe gefeiert werden kann, ist zunächst zu überlegen, ob die Gläubigen eine in der Nachbarschaft gelegene Kirche aufsuchen können, um dort an der Feier der Eucharistie teilzunehmen."

---

[19] Das Zitat innerhalb des Dokumentes stammt aus can. 1248 § 2 des CIC. Vgl. zu Nr. 1 auch die Gemeinsame Erklärung der DBK und des Rates der EKD „Unsere Verantwortung für den Sonntag" vom 25.01.1988, zahlreiche Hirtenbriefe deutscher Bischöfe zur Feier des Sonntags, z. B. Köln 1974, München 1981, Aachen 1984 und 1985, Freiburg 1985, Münster 1986, jüngstens auch das Papstschreiben „Dies Domini" vom 31. Mai 1998.

Diese Lösung scheint zumindest auf den ersten Blick allem zuvor Gesagten über sonntägliche Versammlung als Identitätsmerkmal der Gemeinde zu widersprechen, denn man sieht eine Gemeinde sich auflösen zu verschiedenen Gottesdienstorten.
Der Abschnitt kann allerdings auch anders gelesen werden: Es heißt hier, man möge überlegen, ob die Gläubigen eine benachbarte Kirche aufsuchen könnten. Offensichtlich ist an ein gemeinsames Planen, Beschließen und Handeln gedacht – und warum sollte eine kleine, priesterlose Gemeinde nicht auch diese Lösung bedenken können, daß sie sich als Teilgemeinde einer größeren eingliedert, nicht jeder für sich irgendwo, sondern alle gemeinsam als Gemeinde?
Die Feier der SGOP ist in verschiedenen Formen möglich, immer werden in ihrem Zentrum die Sonntagslesungen und die Gebete vor allem der Festzeiten stehen.
„20. Von den verschiedenen Arten der Gottesdienste ... wird der Wortgottesdienst sehr empfohlen, der – wo es angemessen erscheint – durch die Kommunion abgeschlossen werden kann."
Dabei ist zu beachten, daß der Ersatzcharakter dieser Feiern nicht verdeckt werden soll. So darf ein SGOP niemals in einer Kirche gefeiert werden, in der an diesem Sonntag (inklusive Vorabend) eine Eucharistie stattfindet.
Das Verlangen nach der Eucharistie soll durch diese Feiern verstärkt, nicht geschwächt werden, die Verbindung der Kommunion mit der Eucharistiefeier soll sichergestellt werden.
Die Einführung regelmäßiger SGOP ist Sache des Bischofs, der zuvor alle anderen Möglichkeiten genau prüfen soll (Meßhäufigkeit in allen Gemeinden, Pfarrstrukturen, Rückgriff auf andere Priester): Der Eucharistiefeier ist nichts vorzuziehen! Hier wird eine Wertehierarchie festgeschrieben, die für das richtige und zukunftsträchtige Verständnis von Sonntagseucharistie und SGOP unabdingbar ist. Bei einigen Bestimmungen, die für deutsche Verhältnisse kaum Relevanz haben dürften, liest man deutlich die weltkirchliche Perspektive des Dokumentes heraus. So soll der Bischof dafür sorgen, „daß die betroffenen Gläubigen mehrmals im Jahr auch an einer Eucharistiefeier teilnehmen können" (26.). Oder der Pfarrer soll dafür sorgen, daß die Kommunion ausgeteilt werden kann, indem die konsekrierten Hostien häufig erneuert werden (28.) – eine Maßnahme, die nur in Missionsländern mit wenigen Eucharistiefeiern im Jahr nötig ist.

Der Pfarrer erhält im Direktorium eine starke Stellung: Der Bischof führt generell den SGOP in einer Gemeinde ein, und der Pfarrer hat und behält die pastorale Verantwortung für die Ein- und Durchführung der SGOP, auch für die Auswahl, Ausbildung und Beauftragung der Leiterinnen und Leiter. In der Theologie des Direktoriums bleibt der Pfarrer auch in seiner Abwesenheit der eigentliche Leiter der Gemeinde und jedes einzelnen SGOP. Der Vorsteherdienst im SGOP ist kein quasi amtlicher, eigenständiger, verbunden mit der Repräsentation Christi und der Kirche, sondern Vertretungsdienst des Leiters der Gemeinde und des Gottesdienstes, also des Pfarrers.
Dieser Gedanke wird im Folgenden weitergeführt. Wenn der Pfarrer nicht jeden Sonntag vor Ort Eucharistie feiern kann, soll er zu anderen Gelegenheiten durch seine Dienste in der Gemeinde präsent sein.
„27. ... So wird eine solche Gemeinde wirklich erfahren können, daß sie sich am Sonntag nicht ‚ohne Priester' versammelt, sondern nur ‚in seiner Abwesenheit', besser noch ‚in seiner Erwartung'."
Auch wenn für manchen die Formulierung „in seiner Erwartung" ein wenig zu messianisch-adventlich klingen mag, ist hier ein theologischer Gedanke konsequent durchgeführt: Volle Leitung von Gemeinde und Gottesdienst ist in der katholischen Kirche an die Ordination gebunden, letztlich sogar Inhalt der Ordination. Bestimmte Leitungsfunktionen können Laien übernehmen (wobei mit „können" selbstverständlich nicht die Fachkompetenz gemeint ist), doch sind diese theologisch nur als Ableitungen aus dem ordinierten Leitungsamt zu verstehen.
Nur unter dieser Prämisse ist nachzuvollziehen, daß das Direktorium in bezug auf die Leitungsfrage des SGOP im Folgenden streng hierarchisch denkt – bis hin zum Formalismus. Folgerichtig soll die Leiterin/der Leiter des SGOP in der Einführung die Gemeinde erwähnen, mit der der Priester an diesem Sonntag die Eucharistie feiert (42.), um für sie und mit ihr zu beten. Aus ihr soll nach Möglichkeit die Kommunion direkt überbracht werden (47.).
Die Leitung des SGOP kommt zuerst dem Diakon zu. Da das Diakonat an sich gerade keinen Anteil am Leitungsamt der Kirche gibt, ist es wichtig, auch diesen Leitungsdienst als Vertretung des Pfarrers zu verstehen. Als erste Laien werden dann zunächst beauftragte Lektoren und Akolythen genannt – ein für unsere Breiten fak-

tisch gegenstandsloser Hinweis, da diese Beauftragung nur bei Priesteramtskandidaten als Ersatz für die ehemaligen niederen Weihen vorgenommen wird. Stehen solche nicht zur Verfügung, können andere geeignete Frauen und Männer den SGOP leiten, die diesen Dienst kraft Taufe und Firmung tun.

„30. Wenn weder ein Priester noch ein Diakon da ist, soll der Pfarrer Laien benennen, denen die Verantwortung für solche Feiern übertragen wird, d.h. die Leitung des Gebets, der Dienst des Wortes und die Austeilung der heiligen Kommunion.“

In der hierarchischen Systematik konsequent, in der Sache bedauerlich werden die zahlreichen mit kirchlicher Sendung („Missio canonica“) arbeitenden Laientheologinnen/-theologen und Religionslehrerinnen/-lehrer nicht genannt, was aber ihre Benennung zu Gottesdienstleiterinnen und -leitern selbstverständlich nicht ausschließt.

Die Leiterinnen und Leiter werden vom Pfarrer ausgewählt, geschult, der Gemeinde vorgestellt und mit einem Segensgebet auf Zeit benannt. Er bereitet mit ihnen die SGOP vor und trägt mit ihnen die Verantwortung dafür.

„31. Die benannten Laien sollen die ihnen anvertraute Aufgabe nicht nur als Ehre, sondern mehr noch als Verpflichtung ansehen, vor allem als Dienst – unter der Leitung des Pfarrers – für ihre Brüder und Schwestern. Es handelt sich ja nicht um eine ihnen eigene Aufgabe, sondern um eine Vertretung, die sie wahrnehmen, ‚wo es ein Bedarf der Kirche nahelegt, weil für diese Dienste Beauftragte nicht zur Verfügung stehen‘.“

Hier wird kanonistisch unter Hinweis auf can. 230 § 3 des CIC zwischen dauerhafter Beauftragung zum kirchlichen Dienst („institutio“) und Benennung („designatio“) – deutsch wohl gebräuchlicher „Ernennung auf Zeit“ – unterschieden.

Sehr irritierend empfiehlt Nr. 32 den Gläubigen das persönliche Gebet allein, in der Familie oder in Familienkreisen oder auch die Gottesdienstübertragung im Rundfunk, wenn „am Sonntag ein Wortgottesdienst mit Austeilung der heiligen Kommunion nicht stattfinden kann“. Es ist zu hoffen, daß hier „Wortgottesdienst mit Austeilung der heiligen Kommunion“ irrtümlich als Synonym für den SGOP stehengeblieben ist. Würde gelten, was dort zu lesen ist, hieße das: Wird ein SGOP als Wortgottesfeier ohne Kommunionausteilung begangen, ist er keine Feier der Kirche, sondern steht auf der Ebene eines privaten Gebetes, ja, einer andächtig im Sessel

verfolgten Fernsehübertragung. Das würde alles, was das Direktorium (Nr. 6–17) über den Wert der Gemeindeversammlung und das hörende Feiern des Wortes Gottes gesagt hat, ad absurdum führen, wo stets – wie auch in der direkt nachfolgenden Nr. 33 – nur von der Möglichkeit der Kommunionausteilung, nicht von einer Verpflichtung dazu gesprochen wird.
Das III. und letzte Kapitel beschreibt die Grundform des SGOP.
„35. Die Feier eines Sonntagsgottesdienstes anstelle einer Messe besteht aus zwei Teilen: dem Wortgottesdienst und der Austeilung der Kommunion. In die Feier soll nichts eingefügt werden, was typisch für die Messe ist, vor allem keine Gabenbereitung und kein Eucharistisches Hochgebet."
Fraglos und ohne Begründung wird die Austeilung der Kommunion aus dem Tabernakel als normaler Bestandteil des SGOP dargestellt. Nachdem das Direktorium zuvor sehr ausführlich den Wert der Eucharistiefeier dargelegt hat, werden die Schlußfolgerungen aus dieser Argumentation hier auf die isolierte Kommunion übertragen.
Zum Verständnis muß man sicher die in weiten Teilen der Erde „normale" Notsituation bedenken, daß ein Priester nur einige Male im Laufe des Jahres in der Gemeinde die Eucharistie feiern kann, die Gläubigen also nur sehr selten in der Feier kommunizieren können und verständlicherweise den Wunsch nach weiterem Kommunizieren haben.
Die Argumentation aber bleibt fragwürdig: Es soll alles getan werden, daß die Gläubigen den SGOP nicht mit der Eucharistie verwechseln; Gabenbereitung und Hochgebet dürfen nicht verwendet werden. Soweit kann man sicher folgen. Doch was ist typischer für die Messe und führt leichter zu Verwechslungen mit ihr als die heilige Kommunion?
„Ein Laie, der die Versammlung leitet, verhält sich wie einer unter gleichen" (39.). Nun muß ein Leiter aber leiten und ist eben nicht einer unter anderen, sonst tut er seinen Dienst schlecht. Hier steckt der Teufel sicher im Detail: Wie kann eine Leiterin/ein Leiter wirklich gut ihren/seinen Dienst tun und unverkrampft Gottesdienst leiten und trotzdem alles vermeiden, was „den die Feier leitenden Laien als geweihten Amtsträger erscheinen lassen könnte"(39.)? Das Direktorium betont vor allem, was er unterlassen soll – zum Beispiel die Verwendung der priesterlichen Grußformeln, das Benutzen des Priestersitzes.

Der danach beschriebene Grundaufbau der Feier folgt unspektakulär dem der heiligen Messe: Eröffnung / Wortgottesdienst / Danksagung / Kommunionteil / Abschluß.
Interessant ist das Element an der Schnittstelle zwischen Wortgottesdienst und Kommunionteil, hier „Danksagung" genannt. Es steht an der Stelle des „Gemeindegebetes" im SGOP-Formular des Gotteslobs (Nr. 370,3), dessen Inhalte Lob, Dank, Buße und Bitte umfassen. Die Danksagung (45.) kann nach den Fürbitten oder nach der Kommunion stattfinden als Psalm, Canticum, Hymnus, Litanei oder vor der Kommunionausteilung als eucharistischer Lobpreis.
Als alternative Grundform für den SGOP hat vorher Nr. 33 das Stundengebet genannt, dessen Horen die ausführlichen Sonntagslesungen ein- und eine Kommunionfeier angefügt werden können.
Der Vergleich zwischen dem römischen Direktorium 1988 und den Empfehlungen der DBK von 1983 zeigt viele Übereinstimmungen, wobei das Direktorium mehrfach und ausdrücklich (7., 41.) das Recht der Bischofskonferenz zu Anpassung und genauerer Ordnung des SGOP bestätigt. Wesentliche Unterschiede finden sich vor allem in folgenden Punkten:

- Das Direktorium versteht den SGOP mit Kommunionfeier zwar nicht als Ideal, aber als Normalform. Es betont, daß eine Verwechslung zwischen SGOP und Eucharistie unbedingt vermieden werden müsse, sieht diese Gefahr aber offenbar durch die Kommunionfeier nicht gegeben. Die DBK-Empfehlungen von 1983 sehen das Problem des Auseinanderfallens von Eucharistiefeier und -empfang und beschreiben entsprechend als Normalfall den SGOP ohne Kommunion. Die Kommunionfeier soll nur in pastoral begründeten Ausnahmefällen gestattet sein.
- Verantwortlich für den SGOP ist in jedem Fall der zuständige Pfarrer. Er sucht und bestellt die Leiterinnen und Leiter. Diese sind im römischen Direktorium zunächst der Diakon, dann die beauftragten Lektoren und Akolythen, danach Laien der Gemeinde. Die DBK nennt als Erstzuständigen qua Amt ebenfalls den Diakon, danach direkt die „hauptamtlich oder ehrenamtlich in der Seelsorge tätigen Laien" (4b.).
- Als Grundmodell des SGOP bezeichnet das Direktorium den Ablauf der Eucharistie unter Auslassung des Teils von der Gabenbereitung bis zum Hochgebet. Die DBK nennt verschiedene Möglichkeiten: Wortgottesdienst der Meßfeier, Laudes oder Vesper mit angereicherten Lesungen, Andachtsform.

- Das Direktorium empfiehlt in Nr. 43 eine Erklärung der Lesungen oder eine Zeit der Stille oder das Verlesen einer Predigt des Pfarrers, da nach can. 767 § 1 des CIC die Homilie dem Priester oder Diakon vorbehalten ist. Es erweitert hier die im Codex selbst gegebene Definition der Homilie als Verkündigung in der *Eucharistiefeier* (vgl. can. 767 §§ 2, 3). Demgegenüber hält sich die DBK an den can. 766 des CIC in bezug auf nichteucharistischer Gottesdienste und erklärt in ihrer Einführung zum Direktorium, daß der Beschluß der DBK vom 24. Februar 1988 weiter gilt, wonach Frauen und Männer in sonntäglichen Wortgottesfeiern mit dem Predigtdienst beauftragt werden können.

1.3.8 Der Sonntagsgottesdienst ohne Priester in den deutschen Diözesen seit 1988

Die Klärungen der vorgestellten Dokumente öffnen den Ortsbischöfen hinreichende Möglichkeiten, den SGOP so zu ordnen, daß er in die pastorale Situation ihrer Ortskirche paßt. Dementsprechend schritten auch nach 1988 die Regelungen in den deutschen Diözesen voran. Einige Bistümer führten neue Bestimmungen ein, einige revidierten ihre bisherigen. Die DBK hat bislang keine für alle Diözesen bindende teilkirchenrechtliche Ordnung geschaffen.
Es kann nicht die Aufgabe dieser Einführung sein, nun die einzelnen Ordnungen vorzustellen, da sie eben nur für den Bereich ihrer Ortskirche gelten. Beim Treffen der Liturgiebeauftragten der Diözesen Deutschlands im Oktober 1995 war der SGOP das Thema. Daraus folgte 1996 eine Befragung aller deutschen Diözesen zu ihrer diesbezüglichen Praxis. Darauf aufbauend entwickelte eine Arbeitsgruppe der Liturgiebeauftragten eine Arbeitshilfe[20] mit der Schilderung der Ergebnisse, grundlegenden theologischen Überlegungen und praktischen Empfehlungen für die Praxis.
Wir fassen hier die wichtigsten Ergebnisse zusammen:

- Von 27 Diözesen haben 19 den Fragebogen beantwortet, in 16 davon finden regelmäßig in Pfarreien SGOP statt. Die heutigen Feiern in Gemeinden der alten Bundesländer unterscheiden sich in wichtigen Punkten von den vor über 30 Jahren in der ehemaligen DDR

[20] Deutsches Liturgisches Institut (Hg.), Wort-Gottes-Feiern am Sonntag. Erfahrungen und Anregungen (Pastoralliturgische Hilfen 12), Trier 1998.

eingeführten Stationsgottesdiensten. Die SGOP beschränken sich fast gänzlich auf Gemeinden in ländlichen Gebieten.

- Die Leitung wird von Diakonen, Pastoral- und Gemeindereferentinnen und -referenten sowie ehrenamtlichen Laien wahrgenommen; in allen Bistümern gibt es dazu eigene Ausbildungsgänge und eine anschließende Beauftragung durch den Bischof, in acht Diözesen ist diese zeitlich befristet. Die Leitung geschieht sowohl durch Einzelpersonen als auch durch Teams. Die Leiterinnen und Leiter tragen uneinheitlich Zivilkleidung oder liturgische Kleidung.
- Die Form des SGOP ist in den meisten Fällen angelehnt an den Wortgottesdienst der Eucharistiefeier, offensichtlich überwiegend in Verbindung mit einer Kommunionfeier. In sehr wenigen Diözesen gibt es SGOP ausschließlich mit und in ebenfalls sehr wenigen nur ohne Kommunionfeier. Ansonsten finden sich kaum Beispiele für Gestaltungselemente, die den SGOP deutlich von der Eucharistiefeier unterscheiden helfen würden.
- In fast allen Gottesdiensten gibt es eine Auslegung der Lesungen, entweder als Ansprache der Leitenden oder als verlesenen Text.
- Es bleibt die Sorge um die Wertschätzung der Sonntagseucharistie angesichts der Normalität nichteucharistischer Gottesdienste. Dabei liegen die Gründe auf beiden Seiten: Die Akzeptanz der SGOP in den betroffenen Gemeinden ist insgesamt gut, wohl auch deshalb, *„,weil sie besser vorbereitet und mehr am Leben der Gläubigen orientiert‘ seien. Umgekehrt werden nach dem Empfinden vieler Gottesdienstteilnehmer die durchschnittlichen sonntäglichen Eucharistiefeiern oft ‚lieblos‘, ‚öde‘ oder ‚abgehoben‘ vollzogen.“*[21]

Folgende praktische Empfehlungen sind über bisher schon in anderen Dokumenten vielfach genannte hinaus festzuhalten:

- Wenn ein SGOP eingeführt werden soll, muß der Gemeinde vorbereitend und begleitend auch ansonsten der Wert von Wortgottesfeiern, Stundengebet und Andachten erfahrbar gemacht werden. Wenn die Gläubigen wochentags und zu allen möglichen Anlässen als einzige Gottesdienstform immer nur die Eucharistie feiern, wird es unmöglich sein, ihnen den Wert eines SGOP ohne Kommunion zu erklären.

---

[21] Ebd., 16.

- Die Leitungsaufgabe des SGOP ist ein eigener Dienst innerhalb der Gemeinde; geeignete Frauen und Männer sind sorgfältig zu suchen, vorzubereiten[22] und zu begleiten. *„Es ist dringend zu empfehlen, daß in einer Gemeinde für diesen Dienst* ***mehrere Personen*** *zur Verfügung stehen. So wird verhindert, daß der und die einzelne zeitlich überbeansprucht oder auch in die Rolle eines ‚Ersatzpriesters' gedrängt wird."*[23]
- Entsprechend sollte bei der Feier die mögliche Vielfalt der liturgischen Dienste voll ausgeschöpft werden, mindestens aber sollten zwei Personen liturgische Dienste übernehmen, zum Beispiel als Leiterin und Lektor. Die verschiedenen Charismen können auch dadurch zum Ausdruck kommen, daß eine hauptamtliche Laientheologin/ein hauptamtlicher Laientheologe den SGOP nicht leitet, wohl aber die Verkündigung innerhalb desselben übernimmt.
- Als Form des SGOP empfiehlt die Arbeitshilfe als Regelfall den Wortgottesdienst der Eucharistiefeier, wobei das Evangelium und die anderen Lesungen des Tages immer die Mitte bilden sollten. Da das Wesen des Stundengebets ein anderes als Sonntagsheiligung und Feier desWochenpascha ist, eignen sich Laudes und Vesper weniger als Grundform, „was nicht heißt, daß nicht Elemente der Tagzeitenliturgie die Wort-Gottes-Feier bereichern können"[24].
- Der Ablauf sieht vor: Eröffnung – Wortgottesdienst – Lobpreis und Fürbitten oder Kommunionspendung – Abschluß. An besonderen Elementen findet sich am Schluß des Wortgottesdienstes der Friedensgruß, als Zentrum des Lobpreises ein „Sonntagsgebet" (dessen Inhalte und Funktion allerdings aus den beiden sehr unterschiedlichen Beispieltexten im Anhang nicht recht klarwerden) und Hinweise auf mögliche Zeichenhandlungen wie Luzernarium, Tauferneuerung oder Weihrauchspende. Zu begründen wäre sicher der ungewöhnliche Vorschlag, den fakultativen Kommunionteil mit Vaterunser und Fürbitten abzuschließen, statt zu beginnen.

---

[22] Das DLI hat hierzu ein eigenes Heft herausgegeben: Deutsches Liturgisches Institut (Hg.), Liturgische Laiendienste. Rahmenpläne für Aus- und Fortbildung (Liturgie & Gemeinde. Impulse & Perspektiven 3), Trier 1997; vgl. darin VI: Die Leitung von Gemeindegottesdiensten.

[23] Deutsches Liturgisches Institut (Hg.), Wort-Gottes-Feiern am Sonntag, 32.

[24] Ebd., 37.

- Zum Schluß wird auf ein Desiderat liturgischer Ordnung in Deutschland aufmerksam gemacht, von dem zu hoffen ist, daß es nicht nur amts-, sondern auch liturgietheologisch von der Feiergestalt her angegangen wird: *„Eine Frage ist nicht angesprochen: Welche Segnungen und liturgischen Gesten dürfen die zur Gottesdienstleitung beauftragten Laien vollziehen? Mit dieser Frage beschäftigt sich z. Zt. die Liturgiekommission der Deutschen Bischofskonferenz.“*[25]

Um jüngste Tendenzen im Bereich der DBK zu illustrieren, sei hier kurz die „Richtlinie für den Sonntagsgottesdienst“ vorgestellt, die der Limburger Bischof Franz Kamphaus 1998 mit seinem Fastenhirtenbrief[26] in Kraft setzte und die die entsprechenden Richtlinien von 1985 ablöste. Besonderes Merkmal dieser Ordnung ist die sehr fundamentale Argumentation mit Konsequenzen für die praktischen Bedingungen einerseits und die große Offenheit bei der Gestaltung der einzelnen Feiern andererseits. Folgende Punkte fallen auf:

- Die Sonntagseucharistie gehört zur Identität der christlichen Gemeinde; sie ist durch nichts zu ersetzen. Daher sind alle Anstrengungen zu unternehmen, dieses Gut zu sichern, zum Beispiel durch Absprachen zwischen den Gemeinden zur gerechteren Verteilung der Sonntagsgottesdienste, durch Überprüfung der Ansprüche auf Sondergottesdienste, durch verantwortungsvollen Umgang mit den menschlichen und geistlichen Kräften der weniger werdenden Priester, von denen keiner am Sonntag einschließlich der Vorabendmesse mehr als dreimal die Eucharistie feiern darf.
- Aber auch wo die Eucharistie bei bestem Willen nicht möglich ist, muß Gemeinde, um nicht auseinanderzufallen, sich versammeln zur Wortgottesfeier. Das Gewicht der Feier des Wortes Gottes soll möglichst nicht durch eine angehängte Kommunionfeier relativiert werden, die zudem den Unterschied zur Eucharistiefeier nivelliert. Bischof Kamphaus schreibt: *„Ich habe in meiner Kindheit und Jugend erlebt, wie die Heilige Messe zur Meßandacht verkümmert war und im wesentlichen dazu diente, den Tabernakel mit Hostien zu füllen. Die Kommunion wurde häufig*

---

[25] E. Nübold in seinem Vorwort zu diesem Heft, ebd. 3f.

[26] Unser Sonntagsgottesdienst. Texte und Materialien zum Fastenhirtenbrief 1998 von Bischof Franz Kamphaus (Limburger Texte 23), Limburg 1998.

unabhängig von der Heiligen Messe ausgeteilt: Es ging darum, daß jeder ‚seinen' Heiland bekam. Die Liturgiereform hat versucht, diese enggeführte Kommunionfrömmigkeit von der Karwoche her auf eine Eucharistiefrömmigkeit hin zu weiten: Als Volk Gottes sind wir mit Jesus Christus unterwegs vom Tod zum Leben, von der Knechtschaft in die Freiheit. Der Kommunionempfang gehört in diesen dynamischen Prozeß Eucharistie, er sollte nicht davon getrennt werden."[27]

- Um den Eigenwert der Wortgottesfeiern nicht nur zu kennen, sondern auch zu erleben, soll größter Wert auf den Umgang mit Riten und Symbolen gelegt werden: etwa den würdigen Umgang mit dem Evangelienbuch und dem Ambo. Als Zeichen der Ermangelung einer Eucharistiefeier bleiben Priestersitz und Altar im SGOP leer.
- Die Wortgottesdienste mögen sich orientieren an der Form des Stundengebets, der Andacht oder des Wortgottesdienstes der Eucharistie. Sie werden geleitet von dazu bischöflich Beauftragten und gefeiert unter Mitwirkung der üblichen liturgischen Dienste.
- Manchmal wird die Eucharistiefeier mit einem Gastpriester abgelehnt, da er die Gemeinde nicht kenne. So verschließt sich diese der *„Chance, katholischer zu werden"*. Denn die Gemeinde kann nicht alles selbst machen, sie *„verdankt sich nicht sich selbst. Sie handelt nicht auf eigene Rechnung, sondern im Namen des Vaters und des Sohnes und des Heiligen Geistes. Damit das lebendig bleibt, feiern wir die Sakramente, darum gibt es das Amt und vor allem die Eucharistie … Der Vorsteherdienst des sakramental ordinierten Priesters bei der Eucharistiefeier bringt deren Verbindung mit der Eucharistiegemeinschaft der Ortskirche (Diözese) und der Gesamtkirche zum Ausdruck. Es ist wichtig, daß der zelebrierende Priester zur mitfeiernden Gemeinde eine angemessene Beziehung sucht. Dies kann aber nicht bedeuten, daß für ihn ein ständiges Mitleben mit der Gemeinde zur Voraussetzung dieses Dienstes erklärt wird."*[28]

Die konsequente Hochschätzung der Sonntagseucharistie auch mit gemeindefremden Priestern, die Problematisierung der regelmäßigen und selbstverständlichen Kommunion aus dem Tabernakel, die

[27] Ebd., 16f.
[28] Ebd., 13.23.

Gewichtung der sichtbaren Zeichenhandlungen sind auffällige Tendenzen jüngerer Diskussion.

1.3.9 Die Rahmenordnung der deutschen Bischöfe zur Leitung gottesdienstlicher Feiern von 1999

Als jüngstes Dokument der deutschen Teilkirche ist kurz die „Rahmenordnung für die Zusammenarbeit von Priestern, Diakonen und Laien im Bereich der Liturgie" vorzustellen, die im Januar 1999 durch die Deutsche Bischofskonferenz veröffentlicht wurde.[29] Ausführlich werden hier alle denkbaren Formen liturgischer Leitung dargestellt, vom bischöflichen Vorsteherdienst bis hin zur Leitung von Gottesdiensten wie Stundengebet oder bestimmten Segensfeiern, die auch ein nicht eigens beauftragter Laie allein aufgrund von Taufe und Firmung übernehmen kann.

Für unsere Fragestellung sind besonders die Nummern 26–37 von Bedeutung.

Das fünfte Kapitel (26.–30.) behandelt die Leitung von Gottesdiensten durch bischöflich beauftragte Laien. Die für uns wesentlichen Bestimmungen sind:

- Geeignete und entsprechend ausgebildete ehrenamtliche Mitarbeiterinnen und Mitarbeiter erhalten *„vom Bischof eine schriftliche Beauftragung für bestimmte Gottesdienste"* (29a.); sie werden in einer Eucharistiefeier durch den Pfarrer der Gemeinde vorgestellt.
- *„Stehen keine ehrenamtlichen Mitarbeiter aus der Gemeinde zur Verfügung, übernehmen auch hauptberufliche Mitarbeiter gemäß der vorgelegten Ordnung in der Abwesenheit eines Priesters oder Diakons diese liturgischen Dienste"* (29b.).

So verständlich das Anliegen ist, daß hauptamtliche Laien in einer Gemeinde ohne Priester nicht automatisch alle möglichen Leitungsfunktionen übernehmen und dadurch fast zwangsläufig in die Rolle des Ersatzpfarrers gedrängt werden, so eigenartig ist hier

[29] Sekretariat der Deutschen Bischofskonferenz (Hg.), Zum gemeinsamen Dienst berufen. Die Leitung gottesdienstlicher Feiern – Rahmenordnung für die Zusammenarbeit von Priestern, Diakonen und Laien im Bereich der Liturgie (Die deutschen Bischöfe 62), Bonn 1999.

ihre Nachordnung: Welche zwingenden Gründe sprechen dagegen, daß der Pastoralreferent einer Gemeinde als einer von mehreren beauftragten Laien ab und zu den SGOP leitet?
Das 6. Kapitel stellt alle Gottesdienste vor, die von beauftragten Laien geleitet werden können, an erster Stelle die „Wort-Gottes-Feiern“ (31.–41.). Als wichtige Regelungen sind zu nennen:

- Selbständige Wortgottesdienste werden durchgängig „Wort-Gottes-Feiern“ genannt, deren Leiterinnen und Leiter „Gottesdienstbeauftragte“ (vgl. dazu 67.).
- Grundformen sind der Wortgottesdienst der Eucharistie, die Laudes oder Vesper und die Andacht. Die Gestaltung im einzelnen bleibt diözesanen Richtlinien vorbehalten.
- An Sonn- und Feiertagen sind das vorgesehene Tagesgebet und die Lesungen der Eucharistiefeier zu übernehmen.
- Neben den leitenden Gottesdienstbeauftragten sollen auch andere liturgische Dienste zu ihrem Recht kommen.
- *„Jede Kommunionspendung kommt vom Hochgebet her und wird von ihm getragen … Wird die Spendung der Kommunion vom Hochgebet getrennt, tritt der Aspekt der Mahlgemeinschaft einseitig in den Vordergrund. Dies wirft mit Blick auf ein umfassendes Verständnis der Eucharistiefeier große Probleme auf“* (36.). Nur aus besonderen Gründen soll daher ein SGOP mit einer Kommunionfeier verbunden werden.[30]

Weitere praktische Hinweise zur „Feiergestalt“ finden sich am Ende des Dokumentes (61.–65.). Dort wird besonders hervorgehoben, daß die konsequente Gestaltung bestimmter Zeichen der Gemeinde hilft, die verschiedenen Feiern zu unterscheiden:

- Als liturgische Kleidung wird ein weißes Grundgewand empfohlen (Talar und Chorrock seien von der Entstehung her eher klerikale Gewänder; vgl. 62.), konkrete Ordnungen zur liturgischen Kleidung aber werden dem Ortsbischof überlassen. Keinesfalls tragen Laien die Klerikern vorbehaltenen Gewänder und Insignien.
- In „Wort-Gottes-Feiern“ soll der Vorstehersitz nicht und der Altar nur im Falle einer Kommunionfeier und dann auch nur für diese benutzt werden (vgl. 63.).

[30] Vgl. dazu Nr. 40: „Auch in die Wort-Gottes-Feier am Werktag sollte nur ausnahmsweise und aus begründetem Anlaß die Kommunionspendung einbezogen werden.“

Die „Rahmenordnung“ faßt bestehende gesamt- und teilkirchliche Weisungen zusammen, die betont den sakramentalen Leitungsdienst der ordinierten Amtsträger vom funktionalen und stellvertretenden der beauftragten Laien abgrenzen. Von daher überwiegen in dem Dokument die negativen Aussagen, während das positive Füllen dieses Rahmens den bischöflichen Ortskirchen überlassen bleibt.

1.4 Zusammenfassung – zehn Thesen zum Sonntagsgottesdienst ohne Priester

Nach dem chronologischen Durchgang durch die wichtigsten Dokumente sollen diese hier nun systematisch zusammengefaßt werden, um die Orientierung in dieser komplexen Materie mit ihren vielen Aspekten zu erleichtern. Um der Lesbarkeit willen werden hier nicht nochmals alle Aussagen einzeln belegt.

These 1: Gründend auf der Zusage der Gegenwart des Herrn (vgl. Mt 18,20) gehört zum Spezifischen des christlichen Lebensweges neben der persönlichen Bekehrung und der Glaubenspraxis der einzelnen die gottesdienstliche Versammlung in Gemeinden, in denen Gott seine Kirche auferbaut.

„Gott ruft sein Volk zusammen, rings auf dem Erdenrund, eint uns in Christi Namen zu einem neuen Bund“, so singen wir mit dem Gotteslob (Nr. 640,1). Diesem Ruf Gottes folgen Christinnen und Christen seit der apostolischen Zeit. In ihren gottesdienstlichen Versammlungen antworten sie Gott mit Lob und Dank, hören auf sein Wort und feiern die Erlösungstat Jesu Christi unter der Gestalt seines Mahles. Hier wird Gemeinde durch ihren Herrn auferbaut, hier stärken sich die Schwestern und Brüder gegenseitig und empfangen in Wort und Sakrament die wirksamen Zeichen des Heiles[31]. Gottesdienste werden nicht „von der Kirche“ oder ihren

[31] Vgl. Aufderbeck, H., Gemeinde als Versammlung: LJ 19 (1969) 65–78; Kirchgessner, Kein Herrenmahl am Herrentag?, 145ff.

Amtsträgern für die Menschen „gehalten", Liturgiekreise „machen" keinen Gottesdienst, sondern in den gottesdienstlichen Versammlungen verwirklicht sich die Kirche.[32]
Wenn die Eucharistie derart konstitutiv für die Identität von Gemeinde und deren Lebensader ist, liegt es nahe, die Feier der Eucharistie hochzuschätzen bis zur Forderung eines Rechtes der Gemeinde auf Eucharistie. So einleuchtend sich das in der Systematik darstellt, so problematisch erweist sich dieses Diktum in der Praxis. Denn wer oder was ist hier mit „Gemeinde" gemeint?
Seit dem Zweiten Vatikanischen Konzil ersetzt dieser ursprünglich eher im Protestantismus übliche Begriff häufig den – wohl als zu juridisch und technisch empfundenen, dafür aber eindeutigen – Begriff der Pfarrei. Wenn wir also heute von Gemeinde sprechen, ist das dann ein freundlicher klingendes Synonym für Pfarrei? Ist das eine Gruppe von Menschen, die sich als christliche Gemeinde *fühlen,* als Teil einer Pfarrei, neben den regulären Pfarrstrukturen, vielleicht weit entfernt von ihrem Wohnort? Wer und was gehört zu einer Gruppe von Christinnen und Christen, damit sie Gemeinde sind – und ein entsprechendes „Recht auf Eucharistie" hätten?
Ein Beispiel: In der Zeit des Wirtschaftswunders in den 60er Jahren wurde ein Stadtteil mit 1.600 Katholiken abgepfarrt, wurde also eine „Gemeinde" begründet mit Kirche, Pfarrer und Sonntagsgottesdienst. Auf der anderen Seite der Altstadtpfarrei entstand in den 80er Jahren eine Neubausiedlung mit 4000 Menschen – angesichts damals schon leerer Kassen dachte aber niemand mehr an eine neue Kirche, selbstverständlich gehören die 2.500 Katholiken dort zur „Gemeinde" der Altstadt und müssen den weiten Weg hierher oder in eine andere Kirche in Kauf nehmen. Ist nun die erste Gruppe Gemeinde, weil hier zufällig eine Kirche steht, und ist es die zweite nicht, weil dort genauso zufällig eine solche fehlt?
Eine Pfarrei versammelt sich zum Gottesdienst ebensowenig wie ein Bistum. Gemeinde im Alten und Neuen Testament aber ist immer verbunden mit „Versammlung" (qahal, ekklesia), das heißt der empirisch faßbaren Größe einer realen Zusammenkunft von Menschen. Also noch einmal in eine andere Richtung gefragt: Welcher Versammlung gilt die Verheißung Jesu, er werde bei ihr sein? Wer darf sich darauf berufen, seine Gemeinde zu bilden – Menschen, die sich sympathisch sind und auch sonst Leben miteinander tei-

[32] Vgl. LG 26.

len (etwa die jugendliche Clique in der Samstagvorabendmesse)? Die „Gemeinde" der Früh- (Sonntag-7.15-Uhr-Messe) oder Spätaufsteher (Sonntag-11.30-Uhr-Messe), Leute, die sich kennen, weil sie in einer Nachbarschaft, einem Dorf, einem Wohngebiet leben? Menschen einer Altersschicht (die „Sonntagsgemeinde" vieler Pfarreien besteht aus Menschen ab 50 Jahren aufwärts), eines Berufes (Soldaten, Studenten), eines Bildungsniveaus, einer kirchenpolitischen Richtung, eines ästhetischen Anspruchs (Akademiker-, Künstler-, Dom-„Gemeinden")? Alle diese „Gemeinden" gibt es, und wir dürfen froh sein über diese Vielfalt inner- und außerhalb von Pfarreistrukturen.
Gemeinde Jesu Christi entsteht aktuell immer dort, wo sich glaubende und getaufte Menschen als Teil der Kirche zur Feier von Gottes Gegenwart versammeln; ihnen gilt die Verheißung des Herrn, daß er in ihrer Mitte sein werde. Selbstverständlich ist es wünschenswert, daß eine Gottesdienstgemeinde (und ihre Leiterin/ihr Leiter) auch Glauben und Leben im Alltag miteinander teilt, strikte Bedingung für die Feier des Gottesdienstes ist es aber nicht.

These 2: Die Eucharistie ist seit apostolischer Zeit die eigentliche und ausgezeichnete Feierform des Auferstehungstages, des Sonntags.

Den Sonntag als Ur-Feiertag der Christenheit wiederzugewinnen war das primäre Ziel der Reform des liturgischen Jahres durch das Zweite Vatikanische Konzil (vgl. oben 1.3.1); seither ist in zahlreichen Dokumenten auf dieses Grunddatum unseres Glaubens hingewiesen worden. Seit frühester Zeit ist der Sonntag als achter Tag der Schöpfung und Auferstehungstag des Herrn ausgezeichnet durch die Eucharistie, und niemals würde eine Gemeinde freiwillig auf die Feier des Herrenmahles an diesem Tag verzichten. Gerade in der säkularisierten Erlebnisgesellschaft mit ihrem Wochenendbetrieb und -geschäft setzen Christinnen und Christen mit der Feier des ersten Tages der Woche ein Zeichen für die Unverfügbarkeit des Menschen.
H. Aufderbeck stellt den Wochenrhythmus als menschliches Grundmaß in einem sehr eindrucksvollen Bild dar, das heute sicher nicht nur für die Diaspora gilt: „Die Erfahrung zeigt, daß der einzelne

Christ und die vereinzelte christliche Familie oft in der Diaspora nicht durchhalten, wenn sie nicht gesammelt und versammelt werden. Der Zeitraum von acht Tagen scheint die Zeitspanne zu sein, in der man bei Kräften bleiben kann. Es ist wie eine Überlandleitung, die auch in bestimmten Abständen einen Pfeiler braucht."[33]
In der Ekklesiologie des Zweiten Vatikanischen Konzils wird die Kirche als Volk Gottes auf dem Weg wieder verstärkt von den Feiern des Glaubens, besonders der Eucharistie, bestimmt. Entsprechend ist das Sonntagsgebot nicht mehr nur unter der moralischen Perspektive der Pflicht der einzelnen gegenüber Gott, sondern auch gemeindetheologisch zu begründen: Die eucharistische Versammlung am Sonntag konstituiert Gemeinde Jesu Christi, stellt die Communio in der Kirche dar. Wenn einzelne dieser Versammlung fernbleiben, „exkommunizieren" sie sich quasi selbst. Sie schlagen damit nicht nur eine Einladung Gottes aus und schaden sich selbst, sondern schwächen auch die Gemeinde der Schwestern und Brüder.
Als Schlußfolgerung daraus ergibt sich ein Ideal, das die Alte Kirche prägte und für die Ostkirchen bis heute bestimmend ist, jedoch weit entfernt ist vom Empfinden vieler Gottesdienstbesucherinnen und -besucher bei uns: Am Sonntag wird nicht eine Vielzahl von Messen je nach den Bedürfnissen der einzelnen gefeiert, sondern die *eine* Eucharistiefeier der ganzen Gemeinde, die sich *einmal* am Sonntag mit ihrem Priester um den *einen* Altar der Kirche versammelt, sich so als Kirche erfährt und diese darstellt.
Wenn dieses Ideal gilt und die eucharistische Versammlung am Sonntag konstitutiv ist für das Leben der einzelnen Christinnen und Christen und der Gemeinde, dann müßte wohl in Zusammenschau mit unserer These 1 vor Einführung der Notlösung des SGOP noch einmal gefragt werden: Muß jede Gruppe von Gläubigen, die an eine eigene Sonntagseucharistie gewöhnt ist, sich als eigenständige Gemeinde verstehen, der nicht zuzumuten ist, mit anderen gemeinsam Eucharistie zu feiern? Ganz selbstverständlich fahren die meisten Dorfbewohner mit ihrem PKW in Einkaufszentren, Sportstätten und Kinos der umliegenden Städte. Sie nehmen zugunsten eines größeren und besseren Angebotes in Kauf, daß es dort anonymer ist, manche freuen sich auch darüber. Warum zählen ähnliche Argumente meistens wenig, wenn es um die Zusammenlegung kleiner Dorf- oder Stadtteilpfarreien zu größeren Pfarreien geht? Besse-

[33] Aufderbeck, Wortgottesdienste, 3.

re personale Angebote der Hauptamtlichen (Pfarrer, Kaplan, Pastoralreferentin, Kooperator, die ihrem unterschiedlichen Alter und ihren Begabungen gemäß die Dienste aufteilen und so einzelnen viel eher gerecht werden können als der eine Pfarrer im Dorf, der jeden Sonntag predigt und allen alles sein muß) und erweiterte Kontaktmöglichkeiten (200 statt 20 Jugendliche in kleinen Dörfern) mit entsprechend differenzierten Angeboten sind doch erhebliche Werte.
Was steht dem auf der anderen Seite gegenüber? Selbstverständlich die Vertrautheit miteinander und die Chance, Leben und Glauben miteinander zu teilen. Aber ist die Vertrautheit in manchen Dörfern oder Wohnsiedlungen unbedingt immer ein hohes Gut, das das Leben nach dem Evangelium fördert? Kann es hier nicht auch beklemmende Enge geben, die geistliches Leben behindert oder erstickt?
Wenn sich Gläubige aus mehreren Dörfern oder Stadtteilen am Sonntag zu einer Eucharistiegemeinde Jesu Christi versammeln, dann geben sie damit auch Zeugnis von einem Glauben, der soziale Gegebenheiten zwar sieht und als Lebensprinzip stützt, aber nicht verabsolutiert. Kinder werden in Familien hineingeboren, doch die Taufe ist eben keine bloße Familien-, sondern auch Gemeindefeier. Alle Sakramente nehmen eine Lebenssituation auf, öffnen sie aber zum Beispiel durch die Präsenz eines ordinierten Vertreters der Kirche oder den Ort der Feier über die natürlichen Begrenzungen hinaus auf einen größeren Horizont hin. In diesem Sinne ist Sonntagseucharistie nicht nur Versammlung derer, die es sowieso schon immer miteinander zu tun haben, sondern auch Zeugnisgemeinschaft für die neue Familie Gottes, in der man nicht mehr kennt „Juden und Griechen, nicht Sklaven und Freie, nicht Mann und Frau; denn ihr alle seid ‚einer' in Christus Jesus" (Gal 3,28), die eben auch nicht mehr nur Katholiken aus Dorf A und B kennt, die auf jeden Fall für sich bleiben und ihre eigene Messe haben müssen.

These 3: Auch wenn in einer Kirche keine Sonntagseucharistie gefeiert werden kann, ist es höchst sinnvoll, daß die Gemeinde sich als sichtbares Volk Gottes versammelt. Die Wortgottesfeier bleibt zwar gegenüber der Sonntagseucharistie eine Notlösung – und dieser Notstand sollte auch in der Gestaltung erfahrbar sein –, zugleich ist der SGOP aber wahre Liturgie der Kirche, in der Christus in der Versammlung, in seinem Wort und unter Zeichen wirklich gegenwärtig ist.

Mt 18,20 verheißt Christi Gegenwart ausdrücklich nicht dem einsamen Beter im Wald, sondern dem, der seinen Glauben mit anderen teilt, mit ihnen in Christi Namen zusammenkommt – gerade in unserer Zeit eine erhebliche Zumutung des christlichen Glaubens an das Individuum. Alle vorgestellten Dokumente betonen den bleibenden Sinn der Versammlung am Herrentag, auch wenn keine Eucharistie möglich ist.
O. Nußbaum schreibt: „Wenn trotz allen Bemühens Gemeinden keine Sonntagsmesse in der eigenen Kirche feiern können, kann einzelnen Gläubigen zwar nicht die Mitfeier einer hl. Messe in einer Nachbargemeinde untersagt werden, für die Gemeinde als Ganzes ist dies aber kein gangbarer Ausweg."[34] Hier ist der SGOP eine Chance, den Willen Jesu Christi zu erfüllen.
Gleichzeitig bleibt festzuhalten: „Wortgottesdienste am Sonntag sind keine Aufbruchserscheinung, ihre Notwendigkeit ergibt sich vielmehr aus einem Mangel an Priestern ... Wenn auch jede Krise Chancen birgt, so ist es doch gefährlich, diese hervorzukehren und die Krise herunterzuspielen. Wer das tut, verharmlost und verschleiert die Situation. Es gilt vielmehr, die Chancen wahrzunehmen als Begleiterscheinungen einer Krise und dabei die Gefahren nicht zu übersehen. Denn die Gefährdung der wöchentlichen Eucharistiefeier ist kein Gewinn für die Gemeinde."[35]
Der SGOP ist gegenüber der Sonntagseucharistie immer eine Notlösung. Aber alle anderen Alternativen sind schlechter als diese; man könnte auch sagen: Er ist die zweitbeste Lösung. In vielen Bereichen kirchlichen Lebens ist das zunehmende Engagement von Laien, das angesichts der kontinuierlichen Schrumpfung der Kerngemeinden nur überraschen kann, als Ausdruck der Mitverantwortung aller Getauften im Volk Gottes unbedingt gutzuheißen und dauerhaft zu fördern. Den SGOP sollte man allerdings nicht undif-

[34] Nußbaum, Sonntäglicher Gemeindegottesdienst ohne Priester, 103.
[35] Silber, St., Ein notwendiges Übel – eine gefährliche Chance? Wortgottesdienste am Sonntag: Gd 31 (1997) 73ff.

ferenziert als Chance zum verstärkten Laienengagement begrüßen. Oberstes Ziel muß daher vor allen Überlegungen zur optimalen Gestaltung des SGOP sein, ihn möglichst bald überflüssig zu machen, indem die Kirche die Ursache behebt und Bischöfen ermöglicht, genügend Priester in die Gemeinden zu entsenden beziehungsweise deren faktische Leiter zu ordinieren.
Solange dieses Ziel nicht erreicht werden kann, ist alles zu vermeiden, was die zentrale Bedeutung der Eucharistiefeier im Leben der Gemeinde und der einzelnen verdunkeln könnte, zum Beispiel werden im SGOP alle spezifischen Elemente der Eucharistiefeier ausgelassen: In der Regel wird auf die Kommunion verzichtet, werden Altar und Priestersitz nicht benutzt und wird kein Gebet gesprochen, das in Inhalt oder Aufbau dem Hochgebet gleicht[36].
Diese Perspektive ist wichtig und notwendig, sie ist aber auch einseitig.

These 4: Die Unverwechselbarkeit der Eucharistie kann nicht nur dadurch gewährleistet werden, daß alle übrigen Gottesdienstformen keine ihrer spezifischen Elemente verwenden. Vor allem müssen die Eucharistiefeiern selbst so vorbereitet und gefeiert werden, daß die Gläubigen sie als Gipfel ihres christlichen Glaubens erfahren können.

In vielen Gemeinden erlebt man auch heute noch die Konzentration auf die statische Gegenwart Jesu Christi in den eucharistischen Gestalten, speziell in der Gestalt des Brotes im Tabernakel: Gegen alle Rubriken wird sogar in der heiligen Messe die Kommunion aus dem Tabernakel ausgeteilt, zentrale Akte wie das Brechen und Austeilen des einen Brotes finden nicht statt, das fast flächendek-

36 Die Diskussion um ein zentrales Gebet in Hochgebetsstruktur für den SGOP wurde angeregt durch Emeis, D., Durch ihn und mit ihm und in ihm, Vorschlag: „Hochgebet“ für sonntägliche Versammlungen ohne Priester: CiG 49 (1997) 133; dagegen kritisch Lurz, F., Gut gemeint, aber … Ein „Hochgebet für Sonntagsgottesdienste ohne Priester“?: Gd 31 (1997) 84f. Lurz teilt jedoch zugleich das Anliegen Emeis’, daß eine Gemeinde zur Sprache bringen können muß, weshalb sie sich sonntags versammelt, und er plädiert energisch dafür, schnellstens die Bedingungen zu schaffen, daß das wieder am richtigen Ort, nämlich in der Eucharistiefeier geschehen kann.

kende Fehlen der Kelchkommunion wird ebensowenig als Mangel empfunden wie die fraglose Verbindung eines Wortgottesdienstes mit der Kommunion aus dem Tabernakel etc.
Hier wäre einmal mehr auf die Grunddokumente der Liturgiereform wie die Liturgiekonstitution und die Allgemeinen Einführungen ins Meßbuch, ins Lektionar oder ins Stundenbuch zu verweisen, die immer wieder betonen, daß das Ziel einer fruchtbaren Teilnahme und Prägung der Gläubigen nur erreicht werden kann, wenn die Vorsteher selbst vom Geist der Liturgie ergriffen werden:
„Darum sollen die Seelsorger bei liturgischen Handlungen darüber wachen, daß nicht bloß die Gesetze des gültigen und erlaubten Vollzugs beachtet werden, sondern auch daß die Gläubigen bewußt, tätig und mit geistlichem Gewinn daran teilnehmen“ (SC 11).
„Es besteht aber keine Hoffnung auf Verwirklichung dieser Forderung, wenn nicht zuerst die Seelsorger vom Geist und von der Kraft der Liturgie tief durchdrungen sind und in ihr Lehrmeister werden“ (SC 14).
Hierzu gehört die große Aufgabe der Gestaltung jeder einzelnen Feier in der Spannung zwischen Gehorsam und Kreativität, Ordnung der Kirche und Eingehen auf die Erwartungen und Bedürfnisse der je konkret versammelten Feiergemeinde.

These 5: Christlicher Gottesdienst hat letztlich immer einen Inhalt: Lob und Dank an Gott für seine Heilstaten und die Bitte um sein Wirken auch heute, besonders im vergegenwärtigenden Gedenken von Leiden, Tod und Auferstehung Jesu Christi. Daraus folgen bestimmte Baugesetze und Grundformen jedes Gottesdienstes, die Gesamtgestalten aber können unterschiedlich sein.

Christinnen und Christen glauben an einen Gott, der sich den Menschen geoffenbart hat, der sie einlädt zur Begegnung mit ihm und auf die Antwort eines jeden wartet. So ist christlicher Gottesdienst nicht primär geschuldeter Kult, bei dessen Ausbleiben den Menschen die Strafe Gottes trifft, sondern Antwort auf die immer bestehende Ansprache Gottes, die das Heil des Menschen will, die um so mehr wirken kann, je mehr er sich auf sie einläßt. Prägnant formuliert diese Überzeugung die IV. Wochentagspräfation der heiligen Messe:

„Du bedarfst nicht unseres Lobes, es ist ein Geschenk deiner Gnade, daß wir dir danken. Unser Lobpreis kann deine Größe nicht mehren, doch uns bringt er Segen und Heil durch unseren Herrn Jesus Christus."[37]

Auch in Konsequenz dessen

- dürfen, ja müssen Gottesdienste menschengerecht gestaltet sein – 1920 anders als im Jahr 2000, in Ghana anders als in Deutschland, für Akademiker anders als für Kinder. Nicht weil Gott und seine Wahrheit sich änderten, sondern weil die Menschen so verschieden sind und die Frohe Botschaft jede/jeden wirklich im Innersten erreichen und treffen soll, gibt es unterschiedliche Gestaltungen: *„Die Mutter Kirche wünscht sehr, alle Gläubigen möchten zu der vollen, bewußten und tätigen Teilnahme an den liturgischen Feiern geführt werden, wie sie das Wesen der Liturgie selbst verlangt und zu der das christliche Volk ... kraft der Taufe berechtigt und verpflichtet ist"* (SC 14);
- ist Liturgie keine lernzielorientierte oder zuschauergerichtete Worthandlung, sondern eine alle Sinne einbeziehende Symbolhandlung zwischen allen Versammelten, in der Gott als unsichtbarer, aber entscheidender Träger der Feier erfahren wird;
- beginnen christliche Gottesdienste in der Regel nicht mit Selbstanklage und Bittgebeten, sondern mit Lobpreis und Dank für die Einladung und Nähe Gottes;
- erinnert jede Oration nach der Anrede Gottes zunächst an seine Heilstaten und formuliert erst danach die Bitte der jetzt versammelten Gemeinde;
- ist kein Gottesdienst denkbar ohne Verkündigung der Frohen Botschaft aus den Schriften des Alten und Neuen Testamentes;
- gibt es verschiedene Gottesdienstformen für den Sonntag und den Werktag, für morgens und abends, für kleine, eng zusammenlebende Gruppen (z. B. Klöster) und riesige Ad-hoc-Gemeinden (z. B. Weltjugend- oder Katholikentage), für die tägliche Wiederholung oder einmalige Anlässe, für wichtige Stationen in der Biographie der einzelnen oder Anlässe im Gemeindeleben.

---

[37] Messbuch, 446f.

So kennt die Tradition der Kirche seit frühester Zeit eine große Zahl unterschiedlicher Gottesdienstformen: Sie kennt an den Sonntagen und Festen die Eucharistiefeier als Höhepunkt und daneben als begleitende Feiern die Tagesheiligung. Sie kennt Werktage, die eucharistiefrei sind, an denen das Paschamysterium Jesu nur in der Stundenliturgie gefeiert wurde und wird – auch mit dem Priester. Sie kennt Vigilfeiern und Andachten, eucharistische Anbetungsstunden und Predigtgottesdienste, Wallfahrten und Maiandachten, Frühschichten und Prozessionen, eher meditative und eher aktionsorientierte Gottesdienste, Feiern mit vielen Elementen der Stille und solche mit Chor, Orchester und Solisten.
Diese Vielfalt ist ein großer Reichtum, den es zu bewahren und weiterzuentwickeln gilt. Dabei ist allerdings zu beachten, daß nicht alles, was gültig und erlaubt ist, auch zu jeder Gelegenheit sinnvoll ist. Liturgie als ganzheitlich erfahrene Symbolhandlung kennt keine Beliebigkeiten, selbst kleine sogenannte Äußerlichkeiten können die innere Teilnahme sehr fördern oder stören. Zeichen leben von ihrem konsequenten Gebrauch, das heißt der erfahrbaren Stimmigkeit zwischen äußerem Zeichen und dem bezeichneten Inhalt – in diesem Bereich ist nichts egal!
So sollte sich beispielsweise die liturgische Gestalt der Osterfeier auf allen Ebenen (beteiligte Dienste, Bewegung, Raumgestalt, Schmuck, benutzte Dinge, Zeitraum und -dauer, Texte, Musik und Gesang etc.) von der der Fastenzeit unterscheiden und den Feiernden plausibel sein. Genauso sollte eine Gemeinde den Unterschied zwischen Sonntag und Werktag erfahren, zwischen Alltag und Fest. Es ist festzuhalten:

These 6: In der Diskussion um priesterlose Gottesdienste ist streng zu unterscheiden zwischen solchen Feiern am Werktag oder am Sonntag, zwischen denen ein theologisch wesentlicher Unterschied besteht.

Am Sonntag ist es jedem überzeugten Christen/jeder überzeugten Christin geboten, der Einladung des Herrn zu folgen und mit den Schwestern und Brüdern das Ostermahl zu halten. An Werktagen waren Eucharistiefeiern (von bestimmten Gruppen der Gemeinde) niemals auszuschließen, diese bedurften aber in der Alten Kirche

wohl zunächst besonderer Anlässe (Festtage, Verstorbenengedenken).[38] Heute kommen an Werktagen einige Glieder der Gemeinde zusammen, die stellvertretend für die Gesamtgemeinde in verschiedenen Formen Gottesdienst feiern (Eucharistie, Stundengebet, Andachten, Anbetungsstunden etc.).
Stundengebet und Wortgottesdienste am Werktag sind Normalformen neben oder statt der Eucharistie, haben hier historisch sogar die „älteren Rechte". Am Sonntag dagegen steht an oberster Stelle und prinzipiell unersetzlich die Eucharistiefeier; obwohl alle anderen Gottesdienstformen ihren Wert haben, können sie die Eucharistie zwar ergänzen, aber niemals ersetzen. Bei der Gestaltung von priesterlosen Gottesdiensten ist diesem Unterschied Rechnung zu tragen: selbstverständlich in der Anzahl der Lesungen, in der gestuften Feierlichkeit bei Kerzen, Blumen und Paramenten, aber auch im Vorbehalt spezifisch dem Sonntag zuzuordnender Symbolhandlungen wie dem Taufgedächtnis.

These 7: Der SGOP wird geleitet von hierzu ausgebildeten und vom Bischof beauftragten Laien oder Diakonen.

Sicher ist O. Nußbaum zuzustimmen, wenn er schreibt: „Die Frage nach dem Leiter dieses Gottesdienstes ist ein besonders neuralgischer Punkt des ganzen Problems, zumal dann, wenn man sie mit der Frage nach dem Leiter der betreffenden Gemeinde verbindet."[39] Letzteres ist sakramententheologisch zwar nicht zwingend, da die katholische Kirche keine „relative", auf eine Gemeinde gerichtete Priesterweihe kennt, aber gemeindetheologisch und vom Erleben der Gläubigen her zeigt sich der priesterliche Leitungsdienst in einer Gemeinde am intensivsten im Vorsteherdienst bei der Sonntagseucharistie.
„Die Darbringung des Meßopfers ist die dichteste Form, der Gipfel und Höhepunkt des priesterlichen Leitungsdienstes, aus dem alle übrigen Leitungsaufgaben gegenüber der Gemeinde sich ablei-

38 Vgl. Meyer, H. B., Eucharistie (GdK 4), Regensburg 1989, 122–125.
39 Nußbaum, Sonntäglicher Gemeindegottesdienst ohne Priester, 81; zu den Fragen der Leitung vgl. ebd., 81–93.

ten."[40] So kann aushilfsweise oder zu Ausbildungszwecken wohl ein anderer Priester als der Pfarrer der Sonntagseucharistie vorstehen, es ist aber umgekehrt undenkbar, daß jemand eine Gemeinde im Vollsinn der sakramental verfaßten Kirche „leitet", ohne der Eucharistie vorstehen zu können.

„Ein Nichtpriester kann nicht im eigentlichen Sinn des Wortes Leiter einer Gemeinde und ihres Gottesdienstes sein. Er kann lediglich einzelne Dienste aus dem Bereich der priesterlichen Leitungsfunktion ausüben."[41] Selbstverständlich ist umgekehrt zu fragen, ob jemand, der faktisch eine Gemeinde leitet, nicht auch sakramental dazu beauftragt werden, das heißt ordiniert werden sollte. Wenn eine Gemeinde über längere Zeit die Spaltung erlebt zwischen faktischer Leitung durch eine Bezugsperson am Ort und theoretisch behaupteter und rechtlich manifester Leitung durch den „eigentlichen" Pfarrer nebenan, nimmt dann nicht fast zwangsläufig die Wertschätzung der Eucharistie, des priesterlichen Amtes und der anderen Dienste in der Kirche Schaden?[42]

„Jede liturgische Versammlung bedarf der Leitung, unterschieden nach Zuständigkeit aufgrund des Weihesakramentes oder einer Beauftragung."[43] Der eigentliche Leiter aller Gottesdienste in seiner Diözese ist der Bischof, bestimmte Feiern sind ihm als Vorsteher einer Ortskirche originär vorbehalten (Erwachseneninitiation, Firmung, Priesterweihe, Weihe der heiligen Öle, Kirchweihe). Als Gemeindeleiter feiert der Pfarrer mit der Gemeinde die Eucharistie, nimmt neue Mitglieder in die Kirche auf (Taufe, Erstkommunion) oder versöhnt sie mit der Kirche (Rekonziliation [Buße]), und er feiert mit Gläubigen in besonderen Lebenssituationen Gottes Heil in ihrem Leben (Trauung, Krankensalbung, Wegzehrung).

Diakone und Laien leiten das Stundengebet der Kirche, Gebetsgottesdienste oder Segensfeiern. Besonders bei letzteren kommt das gemeinsame Priestertum aller Getauften zum Tragen. Schon in der Liturgiekonstitution des Konzils heißt es: „Nur sehr wenige Benediktionen sollen reserviert sein ... Es soll vorgesehen werden, daß Laien ... gewisse Sakramentalien spenden können" (SC 79). So

[40] Ebd., 81.
[41] Ebd., 83.
[42] Vgl. ebd. 92.
[43] Deutsches Liturgisches Institut (Hg.), Wort-Gottes-Feiern am Sonntag, 22.

staffelt das deutsche Benediktionale die Möglichkeit der Leitung von Segnungsfeiern theologisch konsequent:
„Auf Grund des allgemeinen oder besonderen Priestertums oder eines besonderen Auftrages kann jeder Getaufte und Gefirmte segnen. Je mehr aber eine Segnung auf die Kirche als solche und auf ihre sakramentale Mitte bezogen ist, desto mehr ist sie den Trägern eines Dienstamtes (Bischof, Priester, Diakon) zugeordnet ... Daher sind dem Bischof Segnungen vorbehalten, in denen eine besondere Beziehung zur Diözese sichtbar wird; Priester, Diakon oder beauftragte Laien segnen im Leben der Pfarrgemeinde oder im örtlichen öffentlichen Leben; Eltern segnen in der Familie."[44]
Diese Überlegungen und Bestimmungen sind für unsere Frage der sonntäglichen Wortgottesfeiern von großer Relevanz: Um die Wortgottesfeier auch nach außen als Liturgie der Kirche deutlich zu markieren, hält eine Gemeinde sich an eine vom Bischof approbierte Ordnung und wird geleitet durch vom Bischof hierzu beauftragte Frauen oder Männer. Diese stehen theologisch im Unterschied zum Bischof oder Priester aber nicht als Repräsentanten Christi und seiner Kirche der Gemeinde gegenüber, sondern stehen als funktionale Leiterinnen und Leiter mit ihren entsprechenden Charismen, Fähigkeiten und Ausbildungen innerhalb der Gemeinde. Ihre Beauftragung ist in den einzelnen Diözesen an unterschiedliche Bedingungen geknüpft und erfolgt für verschiedene Zeitspannen.[45]
In allen liturgischen Büchern wird unterschieden zwischen dem Diakon und beauftragten Laien. Nun liegt es aber aufgrund von deren Ausbildung und erfolgter Beauftragung auch nahe, zwischen *ehrenamtlichen* und *hauptamtlichen* pastoralen Mitarbeiterinnen und Mitarbeitern zu unterscheiden und letztere quasi als „geborene" Leiterinnen und Leiter des SGOP anzusehen. Das ist sicher möglich, doch bevor es allzu selbstverständlich geschieht, sei zu bedenken gegeben: „Kraft der durch Taufe und Firmung verliehenen allgemeinen Teilhabe am Hohenpriestertum Jesu Christi kann ein Laie zwar besondere liturgische und pastorale Dienste und Auf-

[44] Benediktionale. Studienausgabe für die katholischen Bistümer des deutschen Sprachgebietes, Freiburg u.a. 1989, 16.
[45] Vgl. Deutsches Liturgisches Institut (Hg.), Wort-Gottes-Feiern am Sonntag, 11ff. und 32f.

gaben wahrnehmen ... nicht jedoch irgendwelche Leitungsfunktionen. Hierzu bedürfen sowohl der Diakon wie auch der Laie einer besonderen Beauftragung durch den Bischof oder im akuten Notfall durch den zuständigen Dechanten oder Pfarrer."[46]

Wenn im Falle des fehlenden Pfarrers vorgebeugt werden soll, daß jemand gewollt oder ungewollt in dessen Rolle gerät, ist es dann nicht sinnvoller, statt möglichst viele Aufgaben auf eine Person zu konzentrieren, diese auf möglichst viele Schultern zu verteilen? Wie es im Gottesdienst keine „Ämterhäufung" geben soll[47], so auch nicht in der Gemeinde. Will man „Quasi-Pastöre" vermeiden, sollte man die Leitung der Wortgottesfeiern nicht zu einer Nebenbei-Aufgabe pastoraler Mitarbeiterinnen und Mitarbeiter machen, sondern dazu mehrere Laien bestellen, die im Bereich Liturgie schon bisher ein besonderes Charisma gezeigt haben. Selbstverständlich könnten auch in einem solchen Fall die zu diesem Dienst ausgebildeten und damit beauftragten Pastoralreferentinnen und -referenten in der Wortgottesfeier die Verkündigung übernehmen.

Einen Sonderfall stellen die Diakone dar. Obwohl sie für ein Dienstamt in der Kirche geweiht sind, haben sie nicht Teil am Leitungsdienst der Kirche, sie sind zunächst Helfer des Bischofs, später auch des Priesters. In der Weiheliturgie für Diakone heißt es zwar in der Musteransprache des Bischofs: „Sie sollen Gebetsgottesdienste leiten"[48], im Weihegebet wird jedoch mit keinem Wort die Leitung erwähnt, hier scheinen also eher Andachten etc. gemeint. Trotzdem sagt die Handreichung der Liturgiekommission der DBK „Der liturgische Dienst des Diakons":

„133. Ist es in einer Gemeinde aufgrund der pastoralen Situation notwendig, an einem Sonntag die Eucharistiefeier durch einen Gemeindegottesdienst ohne Priester zu ersetzen, so kommt für die Leitung kraft seines Amtes als erster ein in dieser Gemeinde tätiger Diakon in Frage."[49]

---

[46] Nußbaum, Sonntäglicher Gemeindegottesdienst ohne Priester, 84.

[47] Ein Negativbeispiel aus der Praxis: Am Herz-Jesu-Freitag feiern etwa 100 Gläubige die heilige Messe mit, doch außer dem Priester agiert nur der Küster im Altarraum – als Ministrant, Lektor, Kollektant, Kommunionhelfer.

[48] Die Weihe des Bischofs, der Priester und der Diakone. Pontifikale I. Handausgabe mit pastoralliturgischen Hinweisen, hg. von den Liturgischen Instituten Salzburg, Trier, Zürich, Freiburg u. a. 1994, 127; vgl. grundlegend dazu LG 29.

[49] Sekretariat der Deutschen Bischofskonferenz (Hg.), Der liturgische Dienst des Diakons (Die deutschen Bischöfe – Liturgie-Kommission 5), Bonn 1984.

Damit haben für den Bereich der DBK die Diakone als beauftragt für den Leitungsdienst im SGOP zu gelten. Dies ist eine deutliche Entscheidung, die um so bemerkenswerter ist, da wir in der Kirchengeschichte zahlreiche Beispiele für Laien als Leiter sonntäglicher Wortgottesdienste kennen, aber kein einziges für Diakone: „Eindeutige Zeugnisse für den Diakon als Leiter sonntäglicher Gemeindegottesdienste liegen nicht vor“[50]. So bleibt aus theologischen Gründen Vorsicht geboten: Durch die auch zeichenhaft sichtbare Teilhabe am Ordo (Verkündigung, Trauung, Taufe, Beerdigung, Tragen liturgischer Kleidung) besteht bei den Diakonen vielleicht sogar mehr als bei hauptamtlichen Laien die Gefahr, daß sie in eine Leitungsrolle gedrängt werden, die ihnen innerhalb der sakramentalen Struktur der Kirche nicht zukommt. Das sagt natürlich über die fachlichen oder persönlichen Fähigkeiten des einzelnen Diakons genausowenig aus wie über die einer Pastoralreferentin/eines Pastoralreferenten.

„Die/der will sich ja nur wichtig machen – die/der ist auch nicht besser als wir!“ Die Sorge vor solchen Äußerungen läßt manche Laien vor der Übernahme eines liturgischen Dienstes, erst recht eines Leitungsdienstes, zurückschrecken. Dem kann man bei der Einführung solcher Dienste nur entgegenwirken mit dem Argument, das für jedes Dienstamt in der Kirche gilt: Niemand, der in der Kirche leitet, tut das, weil er besser wäre als die anderen, sondern weil er von der Kirche gesendet wird. Bedingung dieser Sendung sind sicher bestimmte äußere Faktoren (Fassungsvermögen, Ausbildung, geistliches Leben, Bemühen um ein Leben nach dem Evangelium), aber diese sind nicht letzter Grund. Wer berufen wird, wird das nicht aufgrund seiner Leistung, sondern durch die freie, ungeschuldete Gnade Gottes – daß sie/er ihre/seine Sache gut macht, ist Folge, nicht Bedingung der Sendung.

These 8: Der SGOP soll eine wirkliche Feier des Wortes Gottes in Verkündigung und Zeichenhandlung sein, er wird in der Regel dem Ablauf des Wortgottesdienstes der Eucharistiefeier folgen.

---

50 Nußbaum, Sonntäglicher Gemeindegottesdienst ohne Priester, 45.

O. Nußbaum stellte in seiner Untersuchung 1985 die frühen Modelle des SGOP vor[51], die bis heute als Grundmuster die Vorschläge prägen:
Das „Erfurter Modell", in den 60er Jahren in der DDR entwickelt, wurde im Zusammenhang mit der „Kommunionfeier" im Gotteslob bereits ausführlich beschrieben (vgl. oben 1.3.3).
Das „Römische Modell" ist dem „Erfurter" sehr ähnlich, es orientiert sich am Ordo zur Kommunionspendung außerhalb der Eucharistiefeier und steht damit ebenfalls in der Entwicklungslinie, die in der DDR begann.
Das „Brasilien-Modell" entstand 1971/72 in der Diözese Rio do Sul. Es lehnt sich „weitgehend an den Ordo Missae an, und zwar so sehr, daß die notwendige Abgrenzung gegenüber der hl. Messe nicht mehr deutlich genug gewahrt bleibt." So enthält es außer dem Eröffnungs- und Wortgottesdienst der Sonntagseucharistie auch deren Gabengebet, Präfation, Teile des Hochgebetes und den kompletten Kommunionteil mit Ausnahme der Brotbrechung. O. Nußbaum resümiert: „Einen allgemein gangbaren Weg dürfte diese Lösung jedoch nicht darstellen."
Das „Herforder Modell" nimmt auf diese Problematik Rücksicht und plädiert für eine besonders feierliche Übertragung des Sakramentes (mit Kerzen und Schellen) vom Tabernakel zum Altar, um gerade zu betonen, daß die eucharistische Gabe aus einer früher gefeierten Messe stammt. Hier bildet den Teil nach dem Wortgottesdienst ein ausführliches „Sakramentslob" mit Vor- und Wechselgebeten, Stille und Anbetungselementen.[52]
Schließlich wird das „Würzburger Modell" erwähnt; dieses zeichnet sich dadurch aus, daß anstelle des Wortgottesdienstes der Meßordnung auch die Orientierung am Stundengebet möglich sein soll. Die Kommunionfeier wird mit Vaterunser, einem besonderen Communiogebet und der eigentlichen Kommunion zwischen Fürbitten und Magnificat/Benedictus eingeschoben. Übertragung und Anbetungselemente sind wieder schwächer ausgeprägt. Als einziges bietet dieses Modell alternativ auch einen reinen Wortgottesdienst an, der allerdings noch nicht favorisiert wird. Nach Eröffnung und Wortgottesdienst schließen sich an die Fürbitten das Vaterunser an, ein Lob- und Dankgesang und dann der Schlußteil wie in der Eu-

[51] Vgl. Nußbaum, Sonntäglicher Gemeindegottesdienst ohne Priester, 97–102.
[52] Vgl. Rennings, H., Das „Herforder Modell": Gd 15 (1981) 113ff.

charistiefeier. So streicht dieses Modell eigentlich nur den gesamten Eucharistieteil der heiligen Messe und dürfte in seiner Wortlastigkeit kaum viele Freunde gefunden haben. Aber immerhin wird hier gegen den großen Strang DDR/römische Ordnung/Synode/Gotteslob ein reiner Wortgottesdienst überhaupt in den Blick genommen.

Für den SGOP scheint sich nach zahlreichen anderen Versuchen in letzter Zeit der Name „Wortgottesfeier" durchzusetzen. Ist das nicht zuwenig? Krankt diese Form nicht genau daran, daß hinter ihr ein wortlastiger Nur-Wort-Gottesdienst vermutet wird, so wie ihn unsere evangelischen Schwestern und Brüder zugunsten neuer und wiederentdeckter alter Feierelemente und Zeichen zu überwinden suchen? Manchmal hat man sogar den Eindruck, daß auch deshalb auf einer Kommunionfeier bestanden wird, weil der SGOP sonst so unanschaulich ist, nur Wort- und Gesangselemente hat und ihm alle sinnlichen Elemente fehlen. Diese Bedenken lassen sich zerstreuen, nimmt man den Wortbestandteil „Feier" ernst.

Theologisch ist das Zentrum des nichteucharistischen Sonntagsgottesdienstes Jesus Christus in seinem verkündeten Wort. Auf die besondere Form der Gegenwart Jesu im eucharistischen Mahl wird verzichtet, und alle anderen Zeichen haben keinen sakramentalen, sondern illustrativen Charakter. Das Wort steht im Zentrum, doch es wird nicht einfach verlesen oder gepredigt, sondern auch gefeiert, das heißt, es geschieht die Vergegenwärtigung des Verkündigten. „Hineingebunden in den rituellen Vorgang, partizipiert auch die Verkündigung am Gedächtnischarakter des Gottesdienstes. Sie ist Anamnese in einem prägnanten Sinn, das heißt kultische Vergegenwärtigung einer geschichtlichen Heilstat, so daß die Feiernden, von ihr betroffen, in Beziehung zum Christusgeschehen treten."[53]

Diese theologische Klärung des Zweiten Vatikanischen Konzils gegenüber der einseitigen Betonung der Gegenwart Jesu Christi unter den eucharistischen Gestalten war von höchster Bedeutung, da sie die Höchstform der Realpräsenz Christi in der Liturgie nicht relativierte, aber aus ihrer statischen Sonderposition löste und in das li-

[53] Baumgartner, J., Das Wort, das in der Liturgiefeier zum Sakrament wird: Schreiner, J. (Hg.), Freude am Gottesdienst. Aspekte ursprünglicher Liturgie (FS J.G. Plöger), Stuttgart 1983, 155–173, 158. Vgl. zum Ganzen auch Sekretariat der Deutschen Bischofskonferenz (Hg.), Die Meßfeier – Dokumentensammlung. Auswahl für die Praxis (Arbeitshilfen 77), Bonn [6]1996, 191–238.

turgische Geschehen einband: Eucharistie ist nun wieder primär eine Feier, und in dieser Feier erfahren die Gläubigen einen sich immer mehr verdichtenden Spannungsbogen der Präsenz Christi von der Versammlung der Gemeinde über das Hören des Wortes Gottes und die Gemeindeantwort im Bekenntnis und Gebet hin zum Höhepunkt im Gebet über die Gaben und im Opfermahl Jesu Christi.[54]
Auch nach dieser Klärung stellt sich freilich bis heute – und in den Wortgottesfeiern verstärkt – die Frage, wie dieses theologische Faktum für die Gemeinde erfahrbar gemacht werden kann. Dann ergibt sich hieraus:

These 9: Die Wortgottesfeier am Sonntag wird um so mehr eine Zukunft haben, je deutlicher sie sich einerseits von der Sonntagseucharistie unterscheidet und andererseits wirklich feierliche Liturgie der Kirche ist.

Viel hängt bei der Einführung des SGOP davon ab, inwieweit Erwartungen erfüllt oder enttäuscht werden. Diese sind bezüglich des SGOP ganz ähnlich wie bei jedem anderen Gottesdienst: Er muß „schön" sein, das heißt nach dem (subjektiven) Empfinden der meisten Teilnehmenden feierlich und festlich, kreativ, aber nicht chaotisch, geordnet, aber nicht einstudiert, mit ansprechender Musik und schönen (Handlungs-)Bildern. Zudem soll die Liturgie persönlich sein, das heißt, das Leben der Teilnehmenden soll vorkommen, die Leiterin/der Leiter muß als authentisch erlebt werden, die Sprache soll verständlich, aber nicht gewöhnlich sein – kurz: Für den SGOP gilt alles, was in der letzten Zeit zur „ars celebrandi" (Kunst des Gottesdienstfeierns) gesagt und geschrieben worden ist.
Gelingen oder Mißlingen der Ein- und Durchführung des SGOP hängen wohl auch mit der realistischen Einschätzung der Zusammensetzung der betroffenen Sonntagsgemeinden zusammen. Auch wenn theologisch der Sonntagsgottesdienst die gesamte Gemeinde versammeln soll, ist die durchschnittliche sonntägliche Gottes-

[54] Vgl. SC 7 und AEM 7, zugänglich in: Sekretariat der Deutschen Bischofskonferenz (Hg.), Die Meßfeier – Dokumentensammlung. Auswahl für die Praxis (Arbeitshilfen 77), Bonn [6]1996, 7–89.

dienstgemeinde in Deutschland nur ein Ausschnitt aus der Gesamtpfarrei, zum Beispiel in der Altersstruktur. Gerade ältere Menschen aber sind nicht so mobil wie jüngere, sie leben aus den erlernten und eingeübten Formen der Frömmigkeit und des Gemeindelebens. So sollte man sich hüten, mit sehr in die Tiefe reichenden Gefühlen zu spielen, indem im heiligsten Bereich des Menschen unüberlegt experimentiert wird. Die vom Wegfall der regelmäßigen Sonntagseucharistie Betroffenen sind zumeist die älteren, treuen Kirchgänger in ländlichen Gebieten. Die Hochachtung vor deren Glaubensleben darf kein Lippenbekenntnis sein, sondern muß sich in den Planungen und Überlegungen der Pastoralteams niederschlagen bis hinein in die Formen der Alternativgottesdienste.
Eine Wortgottesfeier muß wirkliche liturgische Feier sein, also nicht nur verbale und vielleicht musikalische Elemente enthalten, sondern auch rituelles Geschehen. Sollen sich die Wortgottesfeiern, zumal ohne Kommunionempfang, als Sonntagsliturgie nicht nur in die Köpfe, sondern auch in die Herzen einsenken, müssen sie außer gut vorbereiteten Wort-Gottesdiensten „schöne", erlebbare Feiern sein, wirkliche Symbolhandlungen. Zahlreiche Vorschläge und Bücher mit „Symbol" im Titel bauen zusätzliche Dinge oder Handlungen als katechetische Elemente in die Gottesdienste ein. So, wie sich am Sonntag mit dem Evangelium Predigt und Liedplan ändern, ändern sich dann auch diese „Symbole". Das ist in unserer visualisierten Welt sicher ein legitimer Weg der Verkündigung, hier ist aber etwas anderes gemeint:
Die Wortgottesfeiern sind Feiern des Glaubens; wie in jeder Liturgie kommen in ihnen nicht Symbole vor, sondern sie sind als ganzes Symbolhandlung. Daher gehört zu diesen Feiern die „ars celebrandi" aller Beteiligten, die nicht plötzlich aus der Rolle fallen: die bewußte Gestaltung aller beteiligten Dimensionen, wie Raum, Zeit, Personen, Handlungen, Sprache, Musik, Bewegungen, benutzte Dinge etc. In diesem Sinne ist hier über Symbole als „Ordinariumsteile" dieser Gesamtsymbolhandlungen nachzudenken. Sie sollen jeden Sonntag wiederholbar den Glauben der Versammelten ausdrücken können, so wie sonst jeden Sonntag Jesus Christus auf besondere Weise in den eucharistischen Gaben gegenwärtig wird. Solche Symbole wird man nur finden, nicht erfinden können, denn um nicht als oberflächliche „Gags" zu erscheinen, müssen sie tief in der Seele der Menschen verankert, müssen sie „Ursymbole" des Christentums, ja aller Religionen sein.

Bei jeder Gottesdienstgestaltung geht es zunächst immer um Personen und ihr Handeln. Auch im SGOP gilt das Prinzip der Liturgiekonstitution:
„Bei den liturgischen Feiern soll jeder, sei er Liturge oder Gläubiger, in der Ausübung seiner Aufgabe nur das und all das tun, was ihm aus der Natur der Sache und gemäß den liturgischen Regeln zukommt“ (SC 28).
Es sollen also alle Dienste, die in dieser Feier sinnvoll sind, auch mitwirken: Neben der Leiterin/dem Leiter die Lektorinnen und Lektoren, Kantorinnen und Kantoren, Ministrantinnen und Ministranten ... Zur Erfahrung einer wirklichen Feier gehört, daß alle Dienste ihren Part kennen, zum richtigen Zeitpunkt am richtigen Ort das Richtige tun in einer Weise, die weder einstudiert und steif noch willkürlich und ehrfurchtslos erscheint.
Zur Feierlichkeit tragen Elemente bei wie die Einladung durch Glockengeläut und Orgelspiel, die Mitwirkung der verschiedenen Dienste neben der Leiterin/dem Leiter und die Einbeziehung anschaulicher, „feierlicher“ Symbolhandlungen. In der Eucharistiefeier zum Beispiel gibt es rituelle Elemente, die das Wort Gottes gegenüber anderen Worten auszeichnen: den Ambo als einen dem Wort Gottes vorbehaltenen Verkündigungsort; gegenüber anderen Textvorlagen besonders gestaltete Lektionare und Evangeliare, die am Beginn feierlich hereingetragen werden; den eigenen Dienst des Lektors; eine eigene Evangelienprozession; die Zeichen von Kerzen und Weihrauch zum Evangelium; in vielen Kirchen inzwischen einen besonderen Ort zur Aufbewahrung des Evangeliars oder der Heiligen Schrift. Auch in der Frage der liturgischen Kleidung wird jede Gemeinde eine Lösung suchen, die einerseits den Feiercharakter betont, andererseits den Unterschied zur Eucharistiefeier nicht verwischt.
Der SGOP selbst ist eine Notlösung, die Arbeit an seiner Gestaltung aber ist ein sehr zukunftsträchtiger Einsatz: Die Vielfalt der liturgischen Feiern der Kirche wiederzubeleben, die Wertschätzung des Wortes Gottes zu erhöhen, die Aktivitäten der Laien auch als Leiterinnen und Leiter von Gottesdiensten zu fördern, mit Phantasie „schöne“ Feiern des Glaubens zu gestalten – das alles wird auch in Zukunft seinen Wert behalten, wenn der SGOP eines Tages dadurch überflüssig wird, daß das Ideal einer Sonntagseucharistie in jeder eigenständigen Gemeinde erreicht wird.

These 10: Die Austeilung der Kommunion aus dem Tabernakel der Kirche sollte in der Regel unterbleiben, da sie auf Dauer sowohl den Eigenwert der Wortgottesfeier als auch die Hochschätzung der Eucharistie als Mysterienfeier zerstört.

Die bis heute grundlegende theologische Untersuchung zum SGOP[55] hat 1996 B. Kirchgessner vorgelegt. Bei ihm finden sich auch die Umfrageergebnisse einer kleinen empirischen Untersuchung, die Kirchgessner 1987/88 in sieben Gemeindeverbänden aus sieben deutschsprachigen Diözesen durchgeführt hat, wo seit mehreren Jahren mehr oder weniger regelmäßig an bestimmten Sonntagen statt einer Eucharistiefeier Wortgottesfeiern stattfinden. Insgesamt wurden 1.692 Fragebögen ausgefüllt. Für alle Gemeinden ist eine Gruppe von Frauen und Männern zur Gottesdienstleitung ausgebildet und beauftragt worden. Mit deren Arbeit bei der Gestaltung sind die allermeisten Teilnehmenden zufrieden (79,4 %). Trotzdem nehmen etwa die Hälfte der Befragten die Wortgottesfeiern nur als Notlösung in Kauf („Ich finde mich damit ab": 48 %; „Ich begrüße es": 42,9 %). Gut zwei Drittel der Befragten (69,1 %) nehmen das Angebot einer Wortgottesfeier in und mit der eigenen Gemeinde an, ein Viertel (25,4 %) fährt lieber zur Eucharistie in eine Nachbargemeinde.
Der letzte Umfragepunkt soll zur vielleicht heikelsten, sicher bisher am intensivsten diskutierten Einzelfrage der Gestaltung führen: Wortgottesfeier am Sonntag mit oder ohne Kommunionspendung? Das Votum der 1.672 Befragten läßt an Deutlichkeit nichts zu wünschen übrig: 83,3 % stimmen für die Kommunionfeier, 8,7 % dagegen, 8 % machen keine Angaben. Es ist viel und sachkundig über das Thema Kommunionfeier gestritten worden. In jedem Fall liegt auf der Hand, wie schwer es ist, *gegen* diese Gefühlslage bei einer so großen Mehrheit der Gläubigen den SGOP ohne Kommunion zu feiern, auch wenn theologische Gründe und pastorale Erfahrungen deutlich gegen eine Kommunionfeier sprechen.

---

[55] Kirchgessner, B., Kein Herrenmahl am Herrentag? Eine pastoralliturgische Studie zur Problematik der sonntäglichen Wort-Gottes-Feiern, Regensburg 1996, 26–36.

Das Zweite Vatikanische Konzil betont die Eucharistie als Feierzusammenhang, bindet Bereitung der Gaben, Hochgebet über sie und Kommunion eng aneinander. Die Kommunion außerhalb der Messe ist für Not- und Sonderfälle vorgesehen. Der 14tägige SGOP mit Kommunionfeier dürfte hiermit kaum gemeint sein, führt er doch offensichtlich genau zu dem, was das Konzil verhindern wollte: dem Eindruck einer „kleinen Messe ohne Hochgebet". Schon 1978 schrieb K. Schlemmer: „Es werden immer mehr Stimmen laut, die aufgrund der Befragungen der Teilnehmer von priesterlosen Gottesdiensten die erschreckende Erkenntnis machen mußten, daß von vielen Gläubigen gar kein Unterschied zur vollen Eucharistiefeier festgestellt wurde und infolgedessen deren Verlust nicht weiter ins Gewicht fiel. Man hat ja die Kommunion empfangen können, mehr wollte man nicht."[56]

Drastisch führt uns ein Erfahrungsbericht der jüngsten Zeit aus der Schweiz die Situation vor Augen: „Aus ihrem Selbstverständnis als Gemeindeleiter heraus bestehen die nicht-ordinierten Gemeindeleiter auf der Leitung des Sonntagsgottesdienstes, so daß ich als Priester sehr oft nur der Eucharistiefeier im engeren Sinn vorstand. Der Wortgottesdienst mit Kommunionfeier ist in jener Gegend selbstverständlich geworden, und niemand betrachtet ihn als Notlösung, denn solche Gottesdienste werden auch werktags regelmäßig gefeiert, auch wenn wir zwei Priester zeitlich zur Verfügung standen ... Wenn das über Jahre hinweg so gehandhabt wird, sieht ein großer Teil der Gemeindemitglieder keinen Unterschied mehr zwischen Eucharistiefeier und Kommunionfeier; eine Folge ist auch, daß etliche Gemeinden keinen Priester mehr wünschen, da sie ja durch einen nicht-ordinierten Gemeindeleiter versorgt sind."[57]

Trotz solcher Erfahrungen, Überlegungen, ja Weisungen der Kirche gehen viele Gemeinden offenbar weiter den anderen Weg. Das zugrundeliegende Begründungsmuster läuft etwa so ab: Wenn wir schon keine ganze Messe feiern können, dann wollen wir wenigstens all das tun, was möglich ist. In unserer Kirche findet so häufig die Eucharistiefeier statt, daß wir in den übrigen Feiern pro-

---

[56] Schlemmer, Priesterloser Gottesdienst – aber wie?, 37f.

[57] Heidegger, H., Die normative Kraft des Faktischen: Gd 31 (1997) 178; vgl. dazu auch Groher, A., Gottesdienst ohne Priester mit Kommunionfeier am Werktag? Erfahrungen und Reflexionen eines Pastoralassistenten: Gd 26 (1992) 140f.

blemlos aus dem Tabernakel die Kommunion empfangen können. Warum sollten wir auch darauf noch verzichten? Man sieht vielleicht die theologischen Probleme, aber es siegen im allgemeinen die eigenen Wünsche, die durch die Kirche von Kindesbeinen an genährt worden sind: Anbetung, Besuchung des Allerheiligsten im Tabernakel, rechtzeitige Erstkommunion, häufigere Kommunion etc. An sich sehr positive Impulse unseres Jahrhunderts haben anscheinend den Zusammenhang zwischen Feier, Genuß und Verehrung der Eucharistie häufig vernachlässigt.

Einer der bis heute prägendsten – und bezüglich der Feierkultur verhängnisvollsten – Gedanken dürfte sein, daß alle Unterscheidungen in der Feier nur Äußerlichkeiten sind, weil ja Christus dogmatisch auf dem Altar ebenso gegenwärtig ist wie im Tabernakel. Fragen nach dem Sinn und der Gestalt der Liturgie sind dann von manchen „Praktikern" mehr oder weniger belächelte Spitzfindigkeiten von Spezialisten, die vor den Notwendigkeiten der Pastoral nicht bestehen können. Deren Sachzwänge gebieten dann, Hunderte von konsekrierten Hostien in riesigen Trinkgefäßen („Ziborien") im Tabernakel aufzubewahren, um in jeder Eucharistiefeier aus dem Tabernakel die Kommunion austeilen zu können. Die Saat dieser „liturgischen Erziehung" ist aufgegangen: Keinem logisch denkenden Gläubigen wird man begreiflich machen können, warum er in einer Wortgottesfeier auf die Kommunion aus dem Tabernakel verzichten soll, wenn er sie in jeder Sonntagseucharistie aus demselben Tabernakel bekommt.

Wo in den Gemeinden über Jahrzehnte eine isolierte Kommunionfrömmigkeit gefördert wurde beziehungsweise alle nichteucharistischen Formen abgewertet wurden (keine Mai- oder Rosenkranzandacht ohne Aussetzung und eucharistischen Segen), müssen die Verantwortlichen und deren Nachfolger nun mit den Konsequenzen leben: Wenn das einzig Wertvolle die Eucharistie*gestalt* (nicht *-feier*!) ist, läßt sich diese Haltung kaum in einer Art Kulturrevolution umerziehen auf die Dynamik der Feier und der Gegenwartsweisen Jesu Christi hin, ohne Menschen sehr zu verletzen. Im konkreten Fall wird man also manchmal auch gegen bessere theologische Einsicht mit Rücksicht auf die Prägung einer Gemeinde im SGOP die Kommunion austeilen.

Ein besonderes Problem ergibt sich noch aus der üblichen Praxis, die Eucharistie nur unter der Gestalt des Brotes auszuteilen und aufzubewahren. Was schon im Hinblick auf die Notsituation der

Krankenkommunion fragwürdig ist, da den Kranken dadurch die Möglichkeiten des Rituale vorenthalten werden, die Kommunion unter beiden Gestalten oder auch nur unter der Gestalt des Weines zu empfangen, ist für die Gemeindefeier am Sonntag ein wirkliches Ärgernis: Es gibt nicht einmal mehr die Chance der vollen Kommunion von Leib und Blut Christi. Man könnte allerdings auch umgekehrt denken: Wenn die Gemeinden in der Sonntagseucharistie regelmäßig die volle Zeichenhaftigkeit der Feiergestalt erleben könnten (Kommunion vom Altar aus und nicht aus dem Tabernakel, Kelchkommunion für die ganze Feiergemeinde) – ergäbe sich dann nicht auf diese Weise ein deutlich erlebbares Unterscheidungsmerkmal zum SGOP mit der „Notform" der Kommunion nur unter der Gestalt des Brotes aus dem Tabernakel?
Eines lehrt jedoch die Erfahrung der letzten 25 Jahre, und dessen sollten sich die Verantwortlichen bewußt sein: Keine Predigten, keine Hinweise, keine Worte werden verhindern, daß die Menschen den SGOP mit Kommunionfeier als „kleine Messe" erleben und bewerten. Die einzige Möglichkeit, die Sonntagseucharistie als eigentlichen Höhepunkt des Glaubenslebens im Bewußtsein zu halten und zugleich die Wertschätzung von Wortgottesfeiern allmählich zu erhöhen, ist offenbar ein SGOP ohne Eucharistieausteilung. Wer sich also für die Kommunionfeier entscheidet, sollte das in Kenntnis und unter Inkaufnahme der negativen Folgen tun.
Dabei wird man natürlich alles tun, um den Zusammenhang zwischen Feier und Genuß der Eucharistie zu betonen beziehungsweise die anderen Formen der Gegenwart Jesu Christi in dieser Gemeinde zur Erfahrung zu bringen. Nicht umsonst fordern neuere bischöfliche Leitlinien, daß Kommunionfeiern in Ausnahmefällen zu genehmigen sind, und fördern zugleich die Vielfalt der liturgischen Feiern: „Aus unterschiedlichen Gründen ist … in den Jahrzehnten nach dem Konzil das Bewußtsein für die Vielfalt gottesdienstlicher Feiern in zahlreichen Gemeinden geschwunden. Da nicht wenige Gemeinden fast nur noch die Feier der heiligen Messe kennen, verzichten sie häufig ohne Nachfrage auf die Feier des Gottesdienstes, wenn kein Priester mit ihnen Eucharistie feiert. Es ist erfreulich, daß diese Entwicklung nicht von allen klaglos hingenommen wird."[58]

---

[58] Hubert Luthe, Vorwort, in: Lebendig ist Gottes Wort. Feier von Gottesdiensten unter der Leitung von Laien, Essen 1997, 4.

2. Strukturmodelle

Im Anschluß an die grundsätzlichen Überlegungen entwickelt dieser zweite Teil Grundmodelle für den SGOP und stellt sie anhand jeweils eines Beispiels vor. Der dritte Teil bietet dann Auswahlelemente zur Füllung der vorgegebenen Strukturen, wie sie nur am Ort möglich, aber dort eben auch nötig ist. Die vier Grundmodelle geben viel Raum für die Gestaltung entsprechend der Gemeindesituation und den verschiedenen Festkreisen. Dieser notwendigen Freiheit der Gestaltung stehen die ebenso notwendigen Schranken der Freiheit beim SGOP gegenüber, wenn es sich dabei nicht um ein privates Gebetstreffen, sondern um Liturgie der Kirche handeln soll. Diese Gestaltungsgrenzen ergeben sich aus der Theologie des christlichen Gottesdienstes, die bestimmte Elemente ge- und andere verbietet.

Auch der Aufbau des SGOP hat sich an der Grundstruktur jedes Gottesdienstes zu orientieren, der in der jüdisch-christlichen Tradition steht und letztlich Ausdruck unseres Glaubens, unseres Gottes- und Menschenbildes ist. So brauchen wir Gott nicht zuerst um sein Kommen anzuflehen, sondern er ist immer schon da, ruft uns und lädt uns ein. Daher beginnen Christinnen und Christen in der Regel ihren Gottesdienst nicht mit einem Bittgebet, sondern mit Lobpreis und Dank für diese Einladung und für die Gegenwart Gottes inmitten seiner Gemeinde. Zu jedem Gottesdienst gehört das Hören auf das authentische Wort Gottes aus der Heiligen Schrift, und seine Verkündigung ruft nach einer Antwort des Menschen – im Psalm, im Bekenntnis, im Gebet. Wie jede Versammlung von Menschen bedarf auch ein Gottesdienst der Ver-Sammlung am Anfang und der Entlassung in den Alltag der einzelnen am Schluß.

Schon aus diesen wenigen, nur skizzierten Grunddaten läßt sich der vierstufige Grundbau jedes Gottesdienstes schlußfolgern:

- Eröffnung mit Sammlung der Gemeinde, Lob Gottes und erstem ausdrücklichem Gebet;
- Verkündigung des Wortes Gottes, nachsinnendes Antworten der Gemeinde;
- Sichöffnen der Versammlung in Bekenntnis, (Bitt-)Gebet, Teilgabe (auch Kollekte);
- Abschluß der Feier mit Segen und Sendung.

Diese Grundstruktur dient der Orientierung und emotionalen Beheimatung der Gemeinde, läßt aber auch genügend Raum für die Prägung der einzelnen Feier durch die Texte des Sonntags und die Zeiten des Kirchenjahres. Sie bietet außer den hier vorgeschlagenen Alternativen auch Freiräume für kreative Elemente der Gemeinde.
Dieses Grundmuster hat von den Anfängen an jüdischen und christlichen Gottesdienst geprägt; es ist – religionspsychologisch – kaum denkbar, hier gänzlich Neues zu „erfinden". Gleiches gilt für die einzelnen Symbole – Handlungen und Dinge – im Gottesdienst, auch sie kann man nicht einfach „machen", sich ausdenken: Es gibt offensichtlich in den Religionen einen Schatz an Grundhandlungen und -zeichen, die solche Kraft und Plausibilität besitzen, daß sie den Grundbestand der meisten religiösen Riten und Kulthandlungen bilden:

- sich versammeln und (am Schluß wieder) vereinzeln;
- gehen – stehen – sitzen – knien – niederwerfen;
- still sein – sprechen – singen (einzeln / gemeinsam / im Wechsel);
- erhellen und verdunkeln;
- ent- und bekleiden (Personen und Gegenstände);
- geben (opfern) – empfangen (Schöpfungsgaben);
- abwaschen – besprengen – eintauchen (Wasser);
- entzünden – verbrennen (Feuer).

Theologisch ist es nicht ausgeschlossen, auch andere Zeichen, Vollzüge, Bilder und Gegenstände für die Feier des Heiles in Dienst zu nehmen. Die Erfahrung zeigt allerdings, daß solche neuen Zeichen zunächst als aktuell und ansprechend erfahren werden, sich aber bei der – gar wöchentlichen – Wiederholung rasch abnutzen oder aufgesetzt erscheinen: So kann man etwa jeden Abend am Beginn des Gottesdienstes eine Kerze entzünden, aber wohl nicht jeden Sonntag als Anregung für die Gewissenserforschung Steine und Federn verteilen.
Wie kann also eine anschauliche Feier des Wortes Gottes Gestalt finden?
Der Aufbau eines SGOP ist bis zum Ende des Wortgottesdienstes theologisch so „logisch" begründet, daß sich in allen Modellen nur leichte Varianten finden. Auch der Schlußteil ist mit Vaterunser, Schlußgebet, Segenswunsch und Entlassung in sich stimmig und

bietet über die thematischen Variationsmöglichkeiten durch die Texte und Gesänge kaum Bedarf zu größeren Eingriffen.
Anders ist das mit dem Mittelteil des Gottesdienstes. Bei der Durchsicht der vorliegenden amtlichen und privaten Entwürfe für solche Feiern scheint nach der Ansprache eine Schnittstelle zu sein, an der sich das Wort am besten mit einer Zeichenhandlung zur anschaulichen Feier verdichten läßt. Verschiedene Möglichkeiten werden vorgeschlagen, doch sie alle haben fakultativen, fast illustrativen Charakter gegenüber dem „Eigentlichen", der Wortgestalt. Wir halten das für auf Dauer verhängnisvoll, denn es ist nicht gleichgültig, ob ein, und wenn ja, welches Zeichen hier eingefügt wird, genau wie es nicht egal ist, ob eine Gemeinde sich am *Sonntag* oder am *Montag* zu einer Wortgottesfeier oder zur Rosenkranzandacht versammelt. Alle Formen haben ihre Berechtigung, aber sie sind nicht austauschbar; die Formen eines Gottesdienstes sind mehr als äußere Hülle, mehr als Äußerlichkeiten eines „eigentlichen" Inhalts. Deshalb richten wir bei allen Strukturvorschlägen auf diesen Mittelteil ein besonderes Augenmerk und empfehlen ihn der besonderen Sorgfalt bei der konkreten Gestaltung. Hier entscheidet sich viel über den Eindruck von Feierlichkeit, Sorgfalt und Beteiligung oder von Geschäftigkeit, Hyperaktivismus und Vielerlei.
Wie bei jeder liturgischen Feier sollte auch beim SGOP ein Grundsatz unbedingt beachtet werden: Man vermeide den Eindruck der Beliebigkeit (heute ist es so, es könnte aber auch ganz anders sein, nächsten Sonntag probieren wir wieder etwas Neues ...). Liturgie ist die intensivste Form von Gottesbegegnung, die uns Menschen möglich ist, „der Höhepunkt, dem das Tun der Kirche zustrebt, und zugleich die Quelle, aus der all ihre Kraft strömt" (SC 10). Soll sie so erlebt werden, muß ihre Gestalt im Ergebnis immer das Beste sein, was hier und jetzt möglich ist; Beliebigkeit signalisiert den Mitfeiernden dagegen Relativität auch der Inhalte – eine destruktive Erfahrung für das religiöse Empfinden des Menschen.
Eine Gemeinde sollte sich auf Dauer für *eines* der folgenden Grundmodelle entscheiden. Soll der SGOP als wertvoller Teil des Glaubenslebens erfahren werden können, braucht er eine feste Grundstruktur, die wiedererkennbar, berechenbar und damit auch für ältere Menschen nicht beängstigend ist. Dabei kann eine „gestufte Einführung" sinnvoll sein. Kennt eine Gemeinde zum Beispiel bisher kaum das Stundengebet, während traditionelle An-

dachten bekannt und beliebt sind, könnte man den SGOP zunächst in der Andachtsform feiern, dann allmählich Elemente des Stundengebetes hinzufügen und im Laufe der Zeit zur ersten Form mit vielleicht ungewohnten Zeichenelementen kommen. Erfahrungsgemäß sind auch ältere Gemeindemitglieder dankbar für neue Ideen und Gestaltungselemente, wenn sie behutsam in Bekanntes eingefügt und gut eingeführt werden.

2.1 Wortgottesfeier

Viele Gottesdienstteilnehmerinnen und -teilnehmer wissen eine gute Predigt zu schätzen und achten auch genau auf die anderen Worte der Feier. Auf Dauer aber dürften die meisten Menschen stärker von Zeichen (Handlungen, Raumbild, Beteiligungsmöglichkeiten, „Feierlichkeit" etc.) als von Worten geprägt werden. Überlegen Sie einmal für sich, welche Erinnerungen Sie mit Ihrer Erstkommunion verbinden – fällt Ihnen auch nur ein Satz der Predigt ein? Das ist natürlich kein Plädoyer für oberflächliche Predigtvorbereitung, wohl aber für sehr gewissenhafte Überlegungen der für den SGOP Verantwortlichen, welche Grundstruktur und -zeichen die Sonntagsfeier bestimmen sollen. Die ebenfalls notwendige Aktualität des Gottesdienstes und seine wechselnden inhaltlichen Motive, etwa aus dem Sonntagsevangelium genommen, können auf der Ebene des Wortes zur Geltung kommen.
Ein Sonderproblem in bezug auf den geforderten Feiercharakter liegt beim SGOP in seinem gegenüber der Eucharistiefeier naturgegebenen Wortakzent. Aber wenn schon die Grundstruktur des Wortgottesdienstes im engeren Sinne (Lesungen, Antwortgesang, Ansprache, Gebete) notwendig viel verbale Kommunikation erfordert, dann sollten wenigstens die übrigen variablen Elemente nicht auch noch zur Gattung der Wortgestalt gehören.
Das zentrale Zeichen jedes Gottesdienstes sind die beteiligten Personen und ihre Handlungen, sehr viel hängt hierbei naturgemäß von der Leiterin oder dem Leiter ab. Es sollte deutlich sein, daß sie als beauftragte Gemeindemitglieder die Leitungsfunktion haben, aber nicht sakramental Christus repräsentieren. So schlagen wir hier zum Beispiel vor, daß sie als Zeichen des besonderen Dienstes mit einem liturgischen Gewand bekleidet sind und einen besonderen Platz im Altarraum einnehmen, aber nicht einfach einziehen,

sondern zu Beginn ein Christussymbol (Evangeliar, Kerze etc.) in die Gemeinde tragen.
Über die Angemessenheit dieser Unterscheidungen kann man wie über alle Zeichen verschiedener Meinung sein, nur sollte klarwerden: Innerhalb der Symbolhandlung „Liturgie“ ist nichts egal, jede bewußte oder unbewußte Handlung oder Unterlassung wirkt auf die Gemeinde.

2.1.1 Erläuterung des Modells

Eröffnungsteil	Zum Gottesdienst rufen die Glocken in der gewohnten Weise. Der Altar ist nicht besonders geschmückt, auf ihm brennen keine Kerzen; dafür aber ist der Ambo durch Licht, Blumenschmuck und Kerzen als Zentrum der Feier betont. Für alle Dienste sind im Altarraum Sitze aufgestellt.
Einzug	Wenn die Gemeinde versammelt ist, ziehen alle, die in der Feier einen besonderen Dienst tun, in der ortsüblichen liturgischen Kleidung in die Kirche ein; dabei spielt die Orgel, aber es wird noch nicht gesungen. Die Leiterin/der Leiter trägt die brennende Osterkerze, die im Altarraum auf den Osterleuchter gestellt wird, oder ein anderes Christussymbol wie Evangeliar, Kreuz, Ikone etc.
Hymnus	Die Gemeinde wendet sich lobend und preisend an den dreifaltigen Gott.
Kreuzzeichen und Einführung	Die kurze Einführung durch die Leitende/den Leitenden sammelt die Gemeinde und führt sie hin zum zentralen „Thema“: Christus ist in unserer Mitte! Im Unterschied zur Eucharistie sollte beim SGOP das Schuldbekenntnis in der Regel nicht an dieser Stelle stehen; entspricht es dem Charakter des Tages und der Feier, kann es zwischen Glaubensbekenntnis und Friedensgruß eingefügt werden.
Christus-Rufe	Christus wird als Herr der Gemeinde begrüßt, Christus-Rufe werden gesprochen oder gesungen als Kyrie-Rufe, als ein „Kyrieleis“-Gesang oder als ein Christuslied. Auch kann hier die Christuskerze entzündet oder vor dem Christussymbol Weihrauch gespendet werden.
Eröffnungsgebet	Das Gebet sammelt die Gemeinde vor Gott („Collecta“) und öffnet sie auf das Hören des Wortes Gottes hin.

Wortgottesdienst	Die Heilige Schrift sollte in der Gemeinde einen festen Platz haben, an dem sie auch außerhalb der Gottesdienste sichtbar ist: vorne vor dem Ambo, auf einem eigenen Ständer im Altarbereich oder auf einem Pult inmitten der Gemeindeplätze, etwa am Eingang oder im Mittelgang. Das Lektionar wird in der Regel von der Lektorin/vom Lektor beim Einzug mitgetragen. Lesungen und Antwortgesänge entsprechen der Leseordnung des Sonntags und werden aus den liturgischen Büchern vorgetragen.
Erste Lesung	Verkündigung des Wortes Gottes
Antwortpsalm	Die Gemeinde antwortet auf das Gehörte mit den Worten der Psalmen: Die Kantorin/der Kantor trägt vom Ambo den vorgesehenen Psalm vor, die Gemeinde singt dazu einen Kehrvers.
Zweite Lesung	Verkündigung des Wortes Gottes
Halleluja	Die Leiterin/der Leiter holt das Evangeliar von seinem Platz und trägt es zum Ambo, Ministrantinnen/Ministranten können Kerzen und Weihrauch mittragen. Während dieser Prozession begrüßt die Gemeinde stehend den Herrn mit dem Hallelujagesang.
Evangelium	Verkündigung der Frohen Botschaft Jesu Christi, die als Leitmotiv die Feier bestimmt
Ansprache	Auslegung des Evangeliums oder eines anderen Textes aus der Heiligen Schrift
Predigtlied	Der Wortgottesdienst schließt mit einem Gesang der Gemeinde, in dem sie das Thema der Ansprache aufgreift und sich zu eigen macht.

Feier des Heils in Zeichen	Wenn die Wortgottesfeier zugleich wirkliche Feier und unverwechselbar nichteucharistisch und die Kommunionspendung aus dem Tabernakel nicht der Regelfall sein soll, dann muß diese Feier anschauliche, erlebbare und feste rituelle „Ordinariumsteile" enthalten. Wir schlagen daher für den Anfang das Hereintragen eines Christussymbols vor und an dieser Stelle für jeden Sonntag als festen Ritus ein „gefeiertes Glaubensbekenntnis", das bei gleichbleibendem Inhalt immer die gleiche oder auch nach Jahreszeit verschiedene Formen haben kann: Taufgedächtnis mit Verteilung des Weihwassers, Entzünden und Weitergabe des Lichtes von der Oster- oder einer „Sonntagskerze", Glaubensbekenntnis und Verehrung des Evangeliars.
Sonntägliches Taufgedächtnis	Nachdem das geweihte Wasser gebracht oder bereitgestellt worden ist, spricht die Leiterin/der Leiter ein lobpreisendes und dankendes Gebet zum Taufgedächtnis; die Ge-

meinde singt oder spricht das Glaubensbekenntnis. Anschließend wird das Wasser ausgesprengt beziehungsweise empfängt es nach einer Prozession jede/jeder einzelne vorne.

oder
Luzernarium

Wenn die Christus- oder Osterkerze noch nicht brennt, kann sie hier entzündet werden, ansonsten tritt man vor sie hin. Es folgt ein lobpreisendes Gebet oder Lied, die Kerzen in der Gemeinde werden angezündet, und das Glaubensbekenntnis wird gesprochen oder gesungen.

oder
Glaubensbekenntnis mit Verehrung des Evangeliars

Den Gläubigen des lateinischen Ritus ist es fremd, eine Ikone oder das Evangeliar zur Verehrung selbst zu küssen, sie kennen aber den Altarkuß und den Kuß des Evangeliars durch den Priester, einige Gemeindeglieder auch den Kuß des Kreuzes am Karfreitag.
Die Prozession nach vorne für den Kuß eines Christussymbols kann vielleicht eine Form leibhaftiger Teilnahme werden, die das eigene Glaubensbekenntnis der Hilfe Christi empfiehlt. Anknüpfend an die Erfahrung, daß auf die Bibel geschworen wird, kann man auch die Hand auf das Evangeliar legen.
Die Leiterin/der Leiter trägt das Evangeliar in die Mitte vor den Altar und hält es der Gemeinde hin; diese singt oder spricht das Glaubensbekenntnis. Es folgt die Prozession der Gemeinde nach vorne mit der Verehrung des Evangeliars durch Kuß oder Berühren mit der Hand.

eventuell
Schuldbekenntnis/ Vergebungsbitte

Es wird aufgefordert zur Besinnung angesichts der vernommenen Frohen Botschaft; wenn diese mit einer Zeichenhandlung (etwa Feuer und Asche) verknüpft wird, dann entfällt das „gefeierte Glaubensbekenntnis“ vorher. Ein Gebet mit Vergebungsbitte schließt sich an.

Friedensgebet und -zeichen

Immer sollen Friedensgebet und -zeichen diesen Teil des SGOP abschließen. Wenn unter bestimmten Umständen keine der Alternativen für ein „gefeiertes Glaubensbekenntnis“ möglich zu sein scheint und das Glaubensbekenntnis daher nur gesprochen wird, bliebe im Austausch des Friedenswunsches wenigstens eine minimale Zeichenhandlung erhalten.

Abschließender Gebetsteil

Fürbitten

Die Gemeinde sieht über die Versammlung hinaus und bittet für die Kirche, die Welt, die Notleidenden und die eigene Gemeinschaft.

Kollekte

Als wichtiger Ausdruck der Solidarität der Gemeinde mit den Notleidenden schließt sich den Fürbitten die Kollekte an. Sie sollte in keinem Gottesdienst fehlen, allerdings

	auch wirklich in sozialen Anliegen stattfinden. Der Zweck der jeweiligen Kollekte wird von der Leiterin/dem Leiter angesagt; die Kollekte selbst wird von Orgel- oder Instrumentalmusik begleitet, nach vorne gebracht und vor den Altar gestellt.
Vaterunser	Gebet des Herrn, mit dem am Schluß der Feier alle einzelnen Anliegen zusammengefaßt werden
Segensgebet/ Sendung	Da Worte und Zeichen des indikativischen Segens („Es segne euch ...") Amtsträgern vorbehalten sind, aber auch der SGOP mit Gebet und Segenszuspruch in die neue Woche münden sollte, stellen wir ein abschließendes Segensgebet an den Schluß. Solche Gebete sind nach dem Schlußgebet auch für die Eucharistie vorgesehen.[59] Die Leiterin/der Leiter schließt den Gottesdienst mit diesem einen Gebet, das für die Feier dankt und um Gottes Beistand und Segen für die kommende Woche bittet. Es endet damit, daß die/der Leitende sich selbst segnet und etwa spricht: „Das gewähre uns der eine Gott in drei Personen/der dreifaltige Gott/der allmächtige und barmherzige Gott ... der Vater, der Sohn und der Heilige Geist."
Dank- und Lobgesang	Abschluß der gottesdienstlichen Versammlung
Orgelspiel	Die Orgel begleitet den Auszug der liturgischen Dienste und sorgt für einen meditativen Nachklang des Gottesdienstes.

2.1.2 Modell

Diesem Modell liegen die Texte vom vierten Sonntag der Osterzeit im Lesejahr A zugrunde.

▪ Eröffnungsteil

Einzug

Hymnus: Gotteslob Nr. 218

Der Hymnus sollte möglichst im Wechsel von Schola oder Kantorin/Kantor und Gemeinde gesungen werden.

---

[59] Vgl. Messbuch, 568–575: „Segensgebete über das Volk".

Kreuzzeichen und Einführung

Christus-Rufe: Gotteslob Nr. 213

Eröffnungsgebet
Gott, unsere Hoffnung,
dein Atem und deine Hand haben die Welt erschaffen.
Am achten Tag, als alles vollendet war,
hast du geruht.
Wir feiern heute das Gedächtnis dieser Schöpfung
und deines Sohnes Jesus Christus,
der uns alle erlöst hat durch seinen Tod und seine Auferstehung.
Wir bitten dich:
Sei uns nah in deinem Wort
und begleite uns in dieser Feier,
damit wir immer tiefer deine Gegenwart erfahren.
Dir sei der Lobpreis und die Ehre
durch Jesus Christus, deinen Sohn,
jetzt und in Ewigkeit.

▪ Wortgottesdienst

Erste Lesung: Apg 2,14a.36–41

Antwortpsalm: Gotteslob Nr. 236, Verse 1–6

Zweite Lesung: 1 Petr 2,20b–25

Halleluja: Gotteslob Nr. 235,3

Der Hallelujavers vom Tage lautet: „Ich bin der gute Hirt. Ich kenne die Meinen, und die Meinen kennen mich."

Evangelium: Joh 10,1–10

Anschließend kann das Halleluja wiederholt werden.

Ansprache

Predigtlied: Gotteslob Nr. 640

Sonntägliches Taufgedächtnis

Da in der Osterzeit das geweihte Wasser aus der Osternacht im Altarraum steht, spricht die Leiterin/der Leiter nur einen kurzen Lobpreis über dieses Wasser. Die Gemeinde singt nach jeder Strophe als Kehrvers Gotteslob Nr. 233,7.

Großer und treuer Gott,
du Schöpfer und Erhalter des Lebens!
Du hast Jesus von Nazaret als deinen Sohn bezeugt
und ihn der Macht des Todes entrissen.

Herr Jesus Christus,
du Erstgeborener von den Toten!
Wie wir hast du als Mensch gelebt,
bist gestorben für unsere Schuld,
nach drei Tagen aber bist du auferstanden gemäß der Schrift.

Gott, Heiliger Geist, du Lebenspender!
Von Anbeginn bist du der Atem,
der Einheit schafft und Vielfalt ermöglicht.
In Jesus Christus hat sich deine Kraft gezeigt,
den Willen des Vaters zu erfüllen
und das Reich der Gerechtigkeit und Liebe aufzubauen.

Dreifaltiger Gott,
sieh auf deine Gemeinde,
die sich mit dem Wasser der Taufe bezeichnet.
Reinige und stärke uns,
und schenke uns Anteil an deinem Leben.
Darum bitten wir durch Jesus Christus, unseren Herrn.

Die Leiterin/der Leiter lädt die Gemeinde zum Glaubensbekenntnis ein. Die Gemeinde singt es (Gotteslob Nr. 448), während sie mit Weihwasser besprengt wird.
Schuldbekenntnis und Vergebungsbitte entfallen hier wegen des besonderen Charakters der Osterzeit.

Friedensgebet und -zeichen
Mächtiger und gütiger Gott,
am Ostertag hast du deinen Sohn errettet
aus der Finsternis des Todes
und heimgeholt in dein Reich des Lichtes und des Friedens.
Wir bitten dich:
Die Freude über den Ostersieg Jesu Christi
entzünde in uns den Geist der Versöhnung und des Friedens.

Gebt euch ein Zeichen des Friedens!

■ Abschließender Gebetsteil

Fürbitten
Gott, du Freund des Lebens, du hörst die Menschen, die zu dir rufen. Wir bitten dich:
1. Für die neuen Mitglieder unserer Kirche, die in der Osternacht getauft wurden und so deine Liebe feiern durften. Gott, du Freund des Lebens:
2. Für die Mächtigen unserer Zeit, die nach Gerechtigkeit für alle Menschen suchen. Gott, du Freund des Lebens:
3. Für alle, die an einen Schöpfergott glauben und in jedem Menschen sein Bild und damit das Gute sehen. Gott, du Freund des Lebens:
4. Für die Frauen und Männer in unserer Gemeinde, die ein Kind erwarten, die das Leben weiterschenken wollen, das du selber bist. Gott, du Freund des Lebens:
Dir, o Herr, sei die Ehre und der Lobpreis in Zeit und Ewigkeit.

Die Gemeinde antwortet auf jede Fürbitte mit „Wir bitten dich, erhöre uns“. Dazu kann Weihrauch gespendet werden.

Kollekte

Vaterunser

Segensgebet/Sendung
Gott, unser Vater,
du hast uns aus der Finsternis
in dein wunderbares Licht gerufen.
Vermehre unseren Glauben,

stärke unsere Hoffnung,
und entzünde deine Liebe in uns.
Begleite uns, und segne uns,
du, der dreifaltige Gott,
der Vater, der Sohn + und der Heilige Geist.

Laßt uns gehen in Frieden.

Die Gemeinde antwortet mit „Dank sei Gott, dem Herrn".

Dank- und Lobgesang: Gotteslob Nr. 222

Orgelspiel

2.2 Wortgottesfeier mit Elementen des Stundengebetes

Das Stundengebet versammelt die Gemeinde mehrmals am Tag, auch am Sonntag, unabhängig davon, ob die Eucharistie gefeiert werden kann. Diese Feierform macht also besonders den schmerzlichen Verzicht auf die Sonntagseucharistie deutlich, da sie keine außerordentliche Ersatzform für die Eucharistie, sondern eine „Normalform" neben dieser darstellt.
Um diesen Aspekt nicht zu verdunkeln, verzichten wir bei diesem Modell bewußt auf ausgebaute Zeichenhandlungen, folgen dem klassischen Aufbau von Laudes beziehungsweise Vesper und reichern lediglich den Verkündigungsteil mit dem Sonntagsevangelium an. Das Maß an kreativer, situations- und themenbezogener Gestaltung ist auf ein Minimum am Anfang und am Schluß reduziert, um solchen Gemeinden Rechnung zu tragen, die sich vor allem nach Ruhe, Ordnung und Stille sehnen. Der Gemeinschaftsaspekt des Glaubens ist allerdings nicht ausgeschaltet – Friedensgebet und -zeichen kommen auch hier vor, jedoch in eher stilisierter, kultischer Form.
So entsteht ein ruhiger, meditativer Gottesdienst, der monastische Formen aufgreift, sehr biblisch geprägt ist und das Hören und Sprechen des Wortes Gottes ins Zentrum stellt. Er bedarf sicher einer gut eingeführten Gemeinde; vielleicht ist dieses Modell besonders geeignet für eher „intellektuelle" Gemeinden, deren Mitglieder auch im Alltag stark vom Wort leben und darüber kommunizieren.

2.2.1 Erläuterung des Modells

Eröffnungsteil	
Instrumentalmusik	Einstimmung in den Gottesdienst
Einzug	Wenn die Gemeinde versammelt ist, ziehen alle, die in der Feier einen besonderen Dienst tun, in der ortsüblichen liturgischen Kleidung in die Kirche ein; dabei spielt die Orgel, es wird aber noch nicht gesungen. Die Leiterin/der Leiter trägt das Evangeliar, begleitet von Leuchtern, mit in die Versammlung. Sie/er und die anderen Dienste bleiben inmitten der Gemeinde, wie diese dem Altar zugewandt – in jedem Fall bis nach dem Hymnus, je nach Räumlichkeiten auch bis nach den Psalmen.
Liturgische Eröffnung	Eröffnung des Gottesdienstes
eventuell **Einführung**	Sammlung der Gemeinde und knappe Einführung in das Grundmotiv des Gottesdienstes
Hymnus	Die Gemeinde wendet sich lobpreisend an den dreifaltigen Gott.

Wortgottesdienst	
Psalmen	Die Psalmen sind ein Element der Tagzeitenliturgie, in Laudes und Vesper werden je drei solche Gebete aus dem Alten Testament gesungen. Bei der Psalmodie sitzt die Gemeinde; die Psalmen werden im Wechsel gesungen oder gesprochen – zwischen Kantorin/Kantor und Gemeinde oder zwischen linker und rechter Seite. Nach jedem Psalm kann die Leiterin/der Leiter eine Psalmoration sprechen.[60] Der Psalmteil kann erweitert oder gekürzt werden, es kann auch ein Canticum eingefügt werden.
Halleluja	Mit dem Halleluja begrüßt die Gemeinde ihren Herrn im Wort des Evangeliums, während das Evangeliar zum Ambo getragen wird.
Evangelium	Verkündigung des Wortes Gottes
Ansprache	Auslegung der Heiligen Schrift
Stille/ Instrumentalmusik	Möglichkeit zur Meditation

---

60 Eine hervorragende Auswahl von fünf bis sechs Orationen zu jedem Psalm bietet: Gebete zu den Psalmen, bearb. und hg. v. O. Haggenmüller, St. Ottilien 1995.

Schuldbekenntnis/ Friedensgebet und -zeichen	Einer Aufforderung zur Besinnung angesichts der vernommenen Frohen Botschaft folgen ein Gebet mit Vergebungsbitte und der Friedensgruß.
Benedictus/ Magnificat	Dieses Canticum bildet den Höhepunkt der Horen der Tagzeitenliturgie. Um des Feiercharakters willen sollte es immer gesungen werden, und zwar im Wechsel wie oben beschrieben. Während des Canticums steht die Gemeinde. Es kann dazu Weihrauch vor dem Altar entzündet werden.
Fürbitten	Die Gemeinde bittet in den Anliegen der Kirche und der Welt. Die Laudesbitten aus dem Stundenbuch sollten nicht genommen werden, da sie keine Für-Bitten sind.
Kollekte	Als wichtiger Ausdruck der Solidarität der Gemeinde mit den Notleidenden schließt sich den Bitten für diese die Kollekte an. Sie sollte in keinem Gottesdienst fehlen, allerdings auch wirklich in sozialen Anliegen stattfinden. Der Zweck der jeweiligen Kollekte wird von der Leiterin/ dem Leiter angesagt; die Kollekte selbst wird von Orgel- oder Instrumentalmusik begleitet, nach vorne gebracht und vor den Altar gestellt.
Vaterunser	Gebet des Herrn
Segensgebet/ Sendung	Dieses Gebet schließt die Versammlung, ruft den Segen Gottes auf die Gemeinde herab und sendet sie in die neue Woche.
Dank- und Lobgesang	Der Abschluß wendet sich nochmals an Gott.
Orgelspiel	Zum Ausklang des Gottesdienstes wird der Auszug der Dienste und die Auflösung der Versammlung von der Orgel begleitet.

2.2.2 Modell

Als Modell werden hier die Laudes am achtzehnten Sonntag im Jahreskreis im Lesejahr A vorgestellt.

▪ Eröffnungsteil

Instrumentalmusik

Einzug

Liturgische Eröffnung: Gotteslob Nr. 683

Hymnus: Gotteslob Nr. 265

■ Wortgottesdienst

Psalmen

Gesungen werden Ps 118,19–29 als Psalm zum Herrentag (Gotteslob Nr. 236), der Lobgesang der drei Jünglinge aus Dan 3 (Gotteslob Nr. 281) und Ps 145,13c–21, der Antwortpsalm vom Tage (Gotteslob Nr. 758).

Halleluja: Gotteslob Nr. 531,1

Dieses Halleluja im I. Psalmton schließt an den letzten Psalm an. Der Hallelujavers vom Tage lautet: „Nicht nur von Brot lebt der Mensch, sondern von jedem Wort aus Gottes Mund."

Evangelium: Mt 14,13–21

Ansprache

Stille/Instrumentalmusik

Schuldbekenntnis/Friedensgebet und -zeichen
Gott, unser Herr,
wir haben dein Lob gesungen
und deine Frohe Botschaft vernommen,
wir erkennen, daß wir gesündigt haben.
Wir sehen das Gute und tun das Böse,
nimm du uns an trotz unserer Schuld.

Die Gemeinde spricht das allgemeine Schuldbekenntnis: „Ich bekenne Gott, dem Allmächtigen ..." (Gotteslob Nr. 353,4).

Der Herr ist barmherzig und gnädig,
langmütig und reich an Erbarmen.
Er wende sich uns zu und schenke uns seinen Frieden.

Geben wir uns ein Zeichen seines Friedens!

Benedictus: Gotteslob Nr. 680 und 681

Fürbitten

Wir beten zu Gott für alle, die unsere Hilfe brauchen:

1. Für alle, die deine Frohe Botschaft weitertragen, sei es in Worten oder Taten, in Predigt oder Katechese, im Gottesdienst oder im Alltag.
2. Für alle, die sich um Nahrung für andere sorgen, sei es geistig oder materiell.
3. Für alle, die voll Neid sind auf den Besitz anderer, seien es einzelne, Familien oder Völker.
4. Für alle Menschen unserer Gemeinde, seien sie jung oder alt, gesund oder krank, arm oder reich, fromm oder zweifelnd.

Du, Herr, erweist uns dein Erbarmen und deine Hilfe. Dir sei die Ehre in Ewigkeit.

Jeder Fürbitte folgt der Ruf Gotteslob Nr. 358,3.

Kollekte

Vaterunser

Segensgebet/Sendung

Barmherziger Gott,
du bist voll Mitleid mit den Menschen,
du nährst uns reich am Tisch deines Wortes.
Begleite unser Denken und Tun in dieser neuen Woche,
vollende du, was wir an Gutem beginnen,
und beschirme uns mit deiner Huld.
Dazu segne uns der gütige Gott,
der Vater, der Sohn + und der Heilige Geist.

Singet Lob und Preis.

Die Gemeinde antwortet mit „Dank sei Gott, dem Herrn".

Dank- und Lobgesang: Gotteslob Nr. 275

Orgelspiel

2.3 Wortgottesfeier mit Andachtsteil

Die Andacht ist eine klassische Form der von Laien getragenen Volksfrömmigkeit; sie ist vor allem charakterisiert durch Wechselgebete zwischen Vorbeterin/Vorbeter und Gemeinde und damit abwechselnden Liedstrophen.
Die Andachten im Gotteslob (Nr. 771–791) bestehen aus Eröffnungs- und Schlußteil und aus mehreren gleichgestalteten Gebetsblöcken. Entsprechend den Idealen des Zweiten Vatikanischen Konzils enthalten diese Andachtsformulare neben Gebet und Gesang auch kürzere Lesungen und unterscheiden zwischen Lektorin/Lektor, Vorbeterin/Vorbeter und Gemeinde. Wegen dieser Lesungen begnügt sich unser Modell im Verkündigungsteil mit dem Tagesevangelium; selbstverständlich können die Tageslesungen sehr sinnvoll mit passenden Gebeten und Gesängen in den Andachtsteil eingebaut werden.
In vielen Gemeinden leitet traditionell ein Priester auch die Andacht, dann häufig mit Aussetzung und sakramentalem Segen – von der Art und der Geschichte dieser Gottesdienstform her ist aber die Leitung durch einen Kleriker nicht notwendig. Diese Tradition spricht sehr für die Andacht als Grundmuster des SGOP, Bedenken richten sich allerdings gegen ihre Vergangenheit als „Paraliturgie", also nichtliturgisch eingestufte „fromme Übungen" des Volkes neben der offiziellen (Kleriker-)Liturgie der Kirche. So wird ein derart gefeierter SGOP kaum in die Gefahr geraten, mit der heiligen Messe verwechselt zu werden, andererseits könnte sein Charakter als wirkliche Liturgie der Kirche untergehen. Daher braucht gerade diese Form einen ausführlichen Verkündigungsteil; um einer allzusehr oder gar ausschließlich privaten Frömmigkeit gegenzusteuern, gehören auch Friedensgebet und -zeichen, Fürbitten und Kollekte unbedingt dazu.
Das hier vorgelegte Modell möchte einer eher traditionell eingestellten Gemeinde eine Form des SGOP bieten, in der sich viele in bekannter Weise beteiligen können – in zahlreichen Gemeinden sind ja bedauerlicherweise Psalmengesang und -gebet faktisch unbekannt. Vielleicht kann dieses Grundmodell auch als Ausgangsmöglichkeit genutzt werden, um im Laufe der Zeit zu einer ausgebauten Wortgottesfeier zu gelangen.

2.3.1 Erläuterung des Modells

Eröffnungsteil	
Einzug	Während des Einzugs der Dienste spielt die Orgel, um in den Gottesdienst einzustimmen.
Eröffnung	Begrüßung und kurze Einführung in die Motivik des Gottesdienstes
Eröffnungsgesang	Die Gemeinde wendet sich in einem Loblied, zum Beispiel auch dem Gloria, lobend und preisend an Gott.

Andachtsteil	
Kurzlesung/ Wechselgebet/ Gesang	Ein kurzer biblischer Impuls wird im Wechselgebet von der Gemeinde aufgenommen und im Gesang vertieft. Anstelle von Kurzlesungen können die Lesungen vom Tag eingebaut werden.
Kurzlesung/ Wechselgebet/ Gesang	
Kurzlesung/ Wechselgebet/ Gesang	

Verkündigungsteil	
Halleluja	Die Gemeinde begrüßt ihren Herrn in seinem Wort, ihr Gesang begleitet die Evangelienprozession.
Evangelium	Verkündigung der Frohen Botschaft Jesu Christi
Ansprache	Auslegung der Heiligen Schrift o. ä.
Instrumentalmusik	Möglichkeit zur Meditation
Antwortgesang des Glaubens	Die Gemeinde antwortet auf das Wort Gottes mit dem Te Deum, dem Gloria, einer Litanei von der Gegenwart Gottes etc. Vor dem Ambo mit dem Evangeliar kann Weihrauch entzündet werden. An dieser Stelle kann auch das Glaubensbekenntnis stehen, wozu die Osterkerze angezündet werden kann.

Schlußteil	
Fürbitten	Die Gemeinde bittet in den Anliegen von Kirche und Welt.

Kollekte	Als wichtiger Ausdruck der Solidarität der Gemeinde mit den Notleidenden schließt sich den Bitten für diese die Kollekte an. Sie sollte in keinem Gottesdienst fehlen, allerdings auch wirklich in sozialen Anliegen stattfinden. Der Zweck der jeweiligen Kollekte wird von der Leiterin/dem Leiter angesagt; die Kollekte selbst wird von Orgel- oder Instrumentalmusik begleitet, nach vorne gebracht und vor den Altar gestellt.
Friedensgebet und -zeichen	Die Feiernden erkennen den Frieden als Geschenk des Herrn und beginnen, ihn weiterzugeben.
Vaterunser	Gebet des Herrn
Schlußgebet	Dank für das Geschenk dieser Feier und Bitte um Beistand für das Kommende
Segensgebet/ Sendung	Herabrufung des Segens Gottes für den Alltag der neuen Woche und Sendung der Gemeinde
Orgelspiel	Die Orgel begleitet zum Ausklang des Gottesdienstes den Auszug der Dienste.

2.3.2 Modell

Dieses Modell bezieht sich auf den zweiten Adventssonntag im Lesejahr A.

▪ Eröffnungsteil

Einzug

Eröffnung

Eröffnungsgesang: Gotteslob Nr. 115,1.2

Die Leiterin/der Leiter entzündet die zweite Kerze am Adventskranz.

▪ Andachtsteil

Kurzlesung/Wechselgebet/Gesang: Gotteslob Nr. 781, Eröffnungsruf, 1 (Lobpreis). 3 (Das Licht der Welt) und 558,1.4

Kurzlesung/Wechselgebet/Gesang: Gotteslob Nr. 772,1 und 112,1.2.9

Kurzlesung/Wechselgebet/Gesang: Jes 11,1–10 (Erste Lesung vom Tage), Gotteslob Nr. 152,2 (als Wechselgebet) und 106,1–3

▪ Verkündigungsteil

Halleluja: Gotteslob Nr. 530,8

Der Hallelujavers lautet: „Bereitet dem Herrn den Weg! Ebnet ihm die Straßen! Und alle Menschen werden das Heil sehen, das von Gott kommt."

Evangelium: Mt 3,1–12

Ansprache

Instrumentalmusik

Antwortgesang des Glaubens: Gotteslob Nr. 276

▪ Schlußteil

Fürbitten: Gotteslob Nr. 790,2

Kollekte

Friedensgebet und -zeichen
Gott, Vater im Himmel,
dein Sohn hat den Seinen versprochen:
Frieden hinterlasse ich euch, meinen Frieden gebe ich euch.
Darum bitten wir:
Sieh nicht auf all die Dunkelheit in unserem Leben,
wäge nicht unsere Sünden,
sondern schau auf die Hoffnung deiner Kirche,
und schenke uns Vergebung, Licht und Heil
in Christus, unserem Herrn.

Gebt euch ein Zeichen seines Friedens!

Vaterunser

Schlußgebet
Gott, unser Licht,
wir sind deinem Sohn im Wort des Lebens begegnet.
Er beruft Menschen,
dein Licht weiterzutragen
und Leiden zu heilen.
Leuchte auch durch uns,
damit das Schattenreich des Todes weicht
und dein Reich des Lebens und der Freude sichtbar wird.
Darum bitten wir durch Jesus Christus, unseren Herrn.

Segensgebet/Sendung
Der Herr segne uns und behüte uns,
der Herr lasse sein Angesicht über uns leuchten und sei uns gnädig,
der Herr wende uns sein Angesicht zu
und schenke uns seinen Frieden.
Das gewähre uns der eine und dreifaltige Gott,
der Vater und der Sohn + und der Heilige Geist.

Laßt uns gehen in Frieden.

Die Gemeinde antwortet mit „Dank sei Gott, dem Herrn“.

Orgelspiel

2.4 Wortgottesfeier mit Kommunion

Wenngleich das oben Gesagte deutlich gegen eine von der Eucharistiefeier isolierte Kommunionausteilung spricht, kann es in Gemeinden Umstände geben, die zumindest auf Zeit für einen SGOP mit Kommunionfeier plädieren lassen. Auch für diesen wird deshalb eine Grundform vorgestellt. Hier ist besondere Sorgfalt geboten, da die Gefahr der Verwechslung mit der Eucharistiefeier natürlich am größten ist. So muß alles getan werden, um die Feier nicht als „kleine Messe“ erscheinen zu lassen, in der die Gläubigen mit weniger Aufwand (weil das lange Hochgebet entfällt) „alles bekommen“, was auch die Messe bietet.

Um den pastoralen Bedürfnissen Rechnung zu tragen und zugleich ein theologisch gerechtfertigtes Modell vorzulegen, folgt dieser Entwurf den folgenden Überlegungen:

- Diese Kommunionfeier rechnet, anders als Gotteslob Nr. 370,4, mit der in Westdeutschland normalen Situation einer kleinen, aber eigenständigen Gemeinde mit Kirche, Altar und Tabernakel, also nicht mit der an sich wünschenswerten, aber wohl unrealistischen Situation der Übertragung der Eucharistie aus der Nachbarpfarrei.
- Die Kommunionfeier beginnt mit einem Eröffnungs- und Verkündigungsteil nach der Grundordnung der heiligen Messe, nach den Fürbitten aber setzt sie bewußte Signale, daß nun keine Eucharistiefeier folgt.
- Wenn die Kommunion aus dem Tabernakel ausgeteilt wird, sollte die gegebene Realpräsenz Jesu Christi durch den Anbetungscharakter dieses Teils deutlich werden. Entsprechend folgt kein wie immer geartetes Hochgebet, denn über wen oder was sollte hier ein anamnetisch-epikletisches Gebet an Gottvater gerichtet werden? Die Gebete und Gesänge richten sich – mit Ausnahme des Vaterunsers – an Jesus Christus.
- Die Leiterin/der Leiter hat ihren/seinen Platz nach der Übertragung des Allerheiligsten nicht hinter dem Altar der Gemeinde gegenüber, sondern, wie bei Anbetungsstunden üblich, steht oder kniet sie/er auf seiten der Gemeinde vor dem Altar, um mit ihr zu beten und die Eucharistie zu empfangen. Entsprechend kommunizieren, nachdem die Gemeinde kommuniziert hat, alle liturgischen Dienste zusammen mit der Leiterin/dem Leiter auf seiten der Gemeinde vor dem Altar.

2.4.1 Erläuterung des Modells

Eröffnungsteil	Da keine Eucharistiefeier und keine Gabenbereitung stattfinden, sollte der Altar schon für die Kommunion gedeckt und geschmückt sein. Die Kerzen können noch fehlen, wenn sie später bei der Übertragung der Eucharistie aus dem Tabernakel mitgetragen werden.
Einzug	Zur Einstimmung in den Gottesdienst spielt währenddessen die Orgel. Eine Ikone Christi kann mitgetragen und im Altarraum aufgestellt werden.

Eingangslied	Sammlung der Gemeinde und Aufnahme des Hauptmotivs
Eröffnung und Einführung	Die Leiterin/der Leiter führt kurz auf das Thema des Evangeliums hin.
Kyrie	Die Gemeinde begrüßt ihren Herrn in der Versammlung.
Eröffnungsgebet	Das Gebet sammelt die Gemeinde vor Gott („Collecta") und öffnet sie auf das Hören des Wortes Gottes hin.

Verkündigungsteil	
Erste Lesung	Verkündigung des Wortes Gottes
Antwortgesang	Antwort der Gemeinde auf das Wort Gottes
Zweite Lesung	Verkündigung des Wortes Gottes
Ruf zur Evangelienprozession	Begrüßung des Herrn in seinem Wort
Evangelium	Verkündigung der Frohen Botschaft Jesu Christi
Ansprache	Auslegung des Wortes Gottes
Stille	Meditation des Gehörten
Glaubensbekenntnis	Antwort des Glaubens auf die Frohe Botschaft
Friedensgebet und -zeichen	Um die Gemeinde auf den Empfang des eucharistischen Brotes zu konzentrieren, sollten über den Friedensgruß hinaus keine weiteren Zeichen eingebaut werden.
Kollekte	Als wichtiger Ausdruck der Solidarität der Gemeinde mit den Notleidenden sollte die Kollekte in keinem Gottesdienst fehlen, allerdings auch wirklich in sozialen Anliegen stattfinden. Der Zweck der jeweiligen Kollekte wird von der Leiterin/dem Leiter angesagt; die Kollekte selbst wird von Orgel- oder Instrumentalmusik begleitet, nach vorne gebracht und vor den Altar gestellt. In diesem Modell wurde die Kollekte vorgezogen, da sie im Angesicht der Eucharistie nicht sinnvoll wäre.

Kommunionfeier	
Übertragung der Eucharistie	Währenddessen wird ein eucharistischer Gesang angestimmt. Entweder brennen Kerzen auf dem Altar, oder sie werden von zwei Ministranten vom Tabernakel her mitgetragen. Die Leiterin/der Leiter stellt die Pyxis auf das Korporale, öffnet sie und kniet dann mit der Gemeinde vor dem Altar.

Stille	Anbetung
Gebet vor der Eucharistie	Verehrung der Eucharistie in Lob und Bitte
Vaterunser	Gebet des Herrn
Kommunion der Gemeinde	Die Leiterin/der Leiter tritt vor den Altar, entnimmt der Pyxis eine Hostie, hält sie über die Pyxis, wendet sich zur Gemeinde um und spricht die Einladung zur Kommunion: „Seht das Lamm Gottes, das hinwegnimmt die Sünde der Welt." Die Gemeinde antwortet, und direkt danach wird ihr bei Orgelspiel, während eines Kommuniongesangs oder in Stille die Eucharistie gereicht.
Kommunion der liturgischen Dienste	Die liturgischen Dienste stehen beim Empfang der Eucharistie auf seiten der Gemeinde vor dem Altar.
Stille	In Stille und auf möglichst schlichte Weise wird die Eucharistie in den Tabernakel zurückübertragen; alternativ zur stillen Danksagung der einzelnen kann während der Übertragung auch ein Meditationstext verlesen werden.
Danksagung	Gesang oder Gebet der Gemeinde

Schlußteil	
Schlußgebet	Dank für das Geschenk dieser Feier und Bitte um Beistand für das Kommende
Segensgebet/ Sendung	Herabrufung des Segens Gottes für den Alltag der neuen Woche und Sendung der Gemeinde
Orgelspiel	Die Orgel begleitet zum Ausklang des Gottesdienstes den Auszug der Dienste.

2.4.2 Modell

Zugrundegelegt sind die Texte des zweiten Fastensonntags im Lesejahr A.

▪ Eröffnungsteil

Einzug

Wegen der Fastenzeit kann der Einzug statt unter Orgelspiel auch in Stille stattfinden. Als Christusikone könnte passend zum Evangelium das Verklärungsmotiv gewählt werden.

Eingangslied: Gotteslob Nr. 643,1.2.4

Eröffnung und Einführung

Kyrie: Gotteslob Nr. 485

Eröffnungsgebet
Gott der Liebe und des Friedens,
du schenkst Verzeihung und Versöhnung.
Dein Sohn Jesus ist unsere Hoffnung auf Zukunft und Leben.
Er ist die Mitte unserer Versammlung
und die Kraft, die unser Leben trägt.
Stille die Sehnsucht unserer Herzen,
pflanze dein Wort in uns hinein,
und laß uns aus deiner Botschaft leben.
Darum bitten wir durch Jesus Christus,
unseren Herrn und Bruder,
der mit dir lebt in Ewigkeit.

▪ Verkündigungsteil

Erste Lesung: Gen 12,1–4a

Antwortgesang: Gotteslob Nr. 170

Zweite Lesung: 2 Tim 1,8b–10

Ruf zur Evangelienprozession: Gotteslob Nr. 564,5

Evangelium: Mt 17,1–9

Ansprache

Stille

Glaubensbekenntnis: Gotteslob Nr. 467

Friedensgebet und -zeichen
Barmherziger Vater,
du schenkst Versöhnung und Frieden.

Sieh auf deine Gemeinde,
die sich in diesen vierzig Tagen auf das Osterfest vorbereitet.
Stärke in uns den Geist der Umkehr,
laß uns zueinanderfinden,
und führe uns auf den Weg des Friedens.

Gebt einander ein Zeichen des Friedens!

Kollekte

▪ Kommunionfeier

Übertragung der Eucharistie: Gotteslob Nr. 547

Stille

Gebet vor der Eucharistie: Gotteslob Nr. 767,1–4

Vaterunser

Das Vaterunser sollte mit dem doxologischen Abschluß („Denn dein ist das Reich …") gebetet werden.

Kommunion der Gemeinde

Kommunion der liturgischen Dienste

Stille

Danksagung: Gotteslob Nr. 634,1.2.6

▪ Schlußteil

Schlußgebet
Herr des Lebens, du Gott unserer Sehnsucht!
Im Wort der Heiligen Schrift
und im Zeichen des Brotes sind wir Christus begegnet.
Er ist die Quelle unserer Hoffnung
und die Kraft auf unserem Weg.
Gib uns die Bereitschaft,

unserer Sendung treu zu bleiben
und ihm freudig nachzufolgen.
Darum bitten wir durch ihn, Jesus Christus, unseren Herrn.

Segensgebet/Sendung
Es segne und stärke uns der allmächtige und barmherzige Gott,
der Vater und der Sohn + und der Heilige Geist.

Laßt uns gehen in Frieden.

Die Gemeinde antwortet mit „Dank sei Gott, dem Herrn“.

Orgelspiel

Wegen der Fastenzeit kann auch ein stiller Auszug gewählt werden.

3. Texte

3.1 Eröffnungsgebete

1.
Gott, unser Vater,
alles Gute kommt allein von dir.
Schenke uns deinen Geist,
damit wir die Botschaft deines Wortes mit wachem Herzen hören.
Laß uns deinen Willen erkennen
und mit deiner Hilfe auch danach handeln.
Darum bitten wir durch Jesus Christus,
deinen Sohn, unseren Herrn und Gott,
der in der Einheit des Heiligen Geistes
mit dir lebt in Ewigkeit.

2.
Gott und Vater,
Herr des Himmels und der Erde!
Wir kommen zu dir mit unseren Lasten –
du verschaffst uns Ruhe.
Schenke uns in dieser Feier
wieder neu deinen Geist.

Voll Freude und Kraft laß uns
das Leben miteinander gestalten
und einst die Ewigkeit erleben
mit Christus, deinem Sohn, unserem Herrn und Gott,
der mit dir und dem Heiligen Geist lebt in Ewigkeit.

3.
Gott, unsere Hoffnung,
du versammelst uns zur Feier deiner Gegenwart
und kommst auf uns zu
in deinem Sohn Jesus Christus.
Laß uns ihm entgegengehen,
der zu uns spricht in deiner Frohen Botschaft.
Darum bitten wir durch ihn,
der in der Einheit des Heiligen Geistes
mit dir lebt und herrscht in Ewigkeit.

4.
Gott, unsere Sehnsucht!
Dein Sohn ist mitten unter uns,
er ist der Atem, wenn wir zu dir beten,
und unsere Hoffnung, wenn wir dich um etwas bitten.
Sei uns nah in deinem Wort,
sieh auf uns, und erhöre unser Gebet.
So bitten wir dich, unseren Gott,
durch Jesus Christus, deinen Sohn,
der mit dir lebt in Ewigkeit.

5.
Durch deinen Sohn Jesus
schenkst du uns, o Gott, die Fülle dessen,
wonach sich unser Leben sehnt.
Er ist dein Lächeln,
das uns Mut macht und Gelassenheit gibt.
Er ist deine Umarmung,
die uns aufrichtet und tröstet.
Sprich zu uns durch den Mund der Barmherzigkeit,
und sei mit deinem Atem, dem Heiligen Geist, in unserer Mitte.
Darum bitten wir dich durch unseren Herrn Jesus Christus,
der mit dir lebt von Ewigkeit zu Ewigkeit.

6.
Gott, du stiftest Gemeinschaft.
Junge und alte Menschen rufst du zusammen,
reiche und arme,
erfolgreiche und solche, die sich schwertun.
Du hast uns als deine Gemeinde zusammengeführt.
Beflügele uns mit deinem Geist,
damit wir einander besser verstehen
und vorankommen auf dem Weg,
den dein Sohn uns vorausgegangen ist,
der in der Einheit des Heiligen Geistes bei dir lebt in Ewigkeit.

7.
Gott, Vater im Himmel.
Bei der Schöpfung hast du den achten Tag
zum Tag der Vollendung
und zum Tag der Ruhe und Muße gemacht.
Wir gedenken am Sonntag der Auferstehung deines Sohnes
und sind dankbar, daß er mitten unter uns ist.
Tritt mit deinem Licht in unsere Mitte,
und laß uns dir im Wort der Schrift begegnen.
So bitten wir dich durch Jesus Christus, unseren Herrn.

8.
Allmächtiger Vater, du Leuchte auf unserem Weg.
Finsternis ist ein Teil unseres Lebens.
Doch dein Sohn ist Licht für die Welt,
und er ist mitten unter uns.
Wende unseren Blick auf ihn,
und öffne unsere Sinne.
Führe uns vom Dunkel ins Licht,
vom Zweifel zum Vertrauen.
Darum bitten wir in der Einheit des Heiligen Geistes
durch Jesus Christus, unseren Bruder und Herrn.

9.
Gott,
du bist wie ein liebevoller Vater und eine zärtliche Mutter.
Dein Sohn Jesus hat deine Liebe uns Menschen verkündet.
Auch heute feiern wir dein Wirken und deine Gegenwart.

Sei uns nah mit deinem Geist,
und stärke alle,
die ihr Leben nach deinem befreienden Wort ausrichten.
Darum bitten wir durch Jesus Christus,
unseren Bruder und Herrn,
der im Heiligen Geist mit dir lebt in alle Ewigkeit.

10.
Gott, unser Vater,
als deine Gemeinde haben wir uns versammelt.
Dein Sohn Jesus, der Christus,
ist das lebendige Wort von Ewigkeit,
das zu uns kommt.
Wir danken dir für ihn,
der die Sünde der Welt hinwegnimmt.
Befreit von Schuld,
laß uns dir dienen
und der Welt die Botschaft der Freude verkünden.
Darum bitten wir durch ihn, Jesus Christus, unseren Herrn.

11.
Gott der Güte und der Liebe,
immer wieder versammelst du uns in deiner Gegenwart.
Du rufst uns heraus aus dem Alltag
und wandelst unser Mühen in Freude.
Mach diesen Augenblick
für uns zu einem Fest,
zum Vorgeschmack auf dein ewiges Reich.
Wir preisen dich, den Vater, mit dem Sohn
in der Gemeinschaft des Heiligen Geistes.

12.
Gott, unser Licht,
die Gegenwart deines Sohnes macht unsere Finsternis hell.
Entzünde in uns das Feuer deines Geistes.
Laß uns deine Botschaft hören und weitersagen,
damit wir einmütig Christus verkünden.
Darum bitten wir durch ihn, Jesus Christus,
deinen Sohn, unseren Herrn und Bruder,
der mit dir lebt in Ewigkeit.

13.
Gott,
deine Güte umfaßt alle Völker,
dein Gesetz ist Freiheit und Freude für uns.
Erfülle an uns deine Verheißungen,
und öffne unser Ohr für deine Stimme.
Bereite unser Herz für dein heilendes Wort,
und laß uns annehmen,
was du verkündest
durch deinen Sohn Jesus Christus.
Mit ihm loben und preisen wir dich
in der Gemeinschaft des Heiligen Geistes
jetzt und in Ewigkeit.

14.
Gott,
du unser Heil,
durch den Mund deiner Propheten
hast du zu den Völkern gesprochen.
Auch an uns richtest du heute dein Wort.
Gib uns ein waches Herz,
es zu verstehen,
und laß uns Jesus Christus erkennen,
den Gesandten deines Willens,
dein letztes, befreiendes Wort.
Das erbitten wir durch ihn,
der in der Einheit des Heiligen Geistes
mit dir lebt in Ewigkeit.

15.
Gott, himmlischer Vater,
dein Sohn ist ein Zeichen deiner Liebe zu uns Menschen;
seine Hingabe ist für uns Leben und Heil.
Laß uns Schwestern und Brüder sein
und als seine Gemeinde leben.
Dein Geist stärke unsere Liebe,
damit wir einander annehmen und achten.
Durch Jesus Christus, unseren Herrn und Gott,
der mit dir und dem Heiligen Geist lebt in Ewigkeit.

16.
Gott, unser Vater,
du sprichst zu uns in deinem Sohn.
Er hat uns erlöst und gerecht gemacht vor dir.
Öffne unsere Herzen,
dein Wort zu hören und ihm zu begegnen,
damit wir sein Heil erfahren in unserem Leben.
Darum bitten wir durch Jesus Christus, deinen Sohn,
der mit dir und dem Heiligen Geist lebt in Ewigkeit.

17.
Gott,
du unser Friede.
Wir sind dein heiliges Volk,
dein besonderes Eigentum.
Du hast uns in Christus,
deiner menschgewordenen Liebe, erlöst.
Schenke uns durch dein Wort den Frieden,
und laß uns Zeugen deiner rettenden Nähe sein.
Wir rühmen dich durch Jesus Christus, deinen Sohn,
durch den wir Versöhnung empfangen.
Er lebt mit dir und dem Heiligen Geist in Ewigkeit.

18.
Gott, Retter der Menschen.
Durch deinen Sohn Jesus Christus
berufst du uns zu Zeugen deiner Nähe.
Laß uns dein Wort verstehen
und danach handeln.
Stärke uns,
daß wir weiterschenken, was wir empfangen:
Jesus Christus, deinen Sohn,
der in der Einheit des Heiligen Geistes mit dir lebt in Ewigkeit.

19.
Zu Jes 49,3–6:
Gott, unser Vater,
du hast uns in deine Gemeinde berufen;
als deine Töchter und Söhne sind wir hier versammelt.
Wir bitten dich:

Schenke uns die Gegenwart deines Geistes,
und mach uns zum Licht der Völker.
Laß uns dein Heil
bis an die Grenzen der Erde verkünden,
damit alle Menschen deinen Sohn erkennen,
Jesus Christus, unseren Herrn.

20.
Zu Mt 5,1–12a:
Gott, unsere Zuflucht,
alles, was wir tun können,
ist gering vor dir.
Doch in unserer Armut nimmst du uns an.
Schenke uns durch diese Feier die Kraft,
Trauernde zu trösten,
Hungernde zu sättigen
und Frieden zu stiften in dieser Welt.
Darum bitten wir durch Jesus Christus,
deinen Sohn, unseren Herrn und Bruder,
der mit dir und dem Heiligen Geist lebt in Ewigkeit.

21.
Zu Mt 5,13–16:
Gott, unser Vater im Himmel,
du bist uns nahe in unserem Leben,
deine Liebe umfängt uns.
Schenke uns in dieser Feier das Feuer deines Geistes,
damit unser Licht vor den Menschen leuchtet
und sie dich preisen
durch deinen Sohn Jesus Christus,
der mit dir und dem Heiligen Geist lebt in Ewigkeit.

22.
Zu Mt 6,24–34:
Gott, Vater im Himmel,
du verläßt uns nicht,
niemals vergißt du uns.
Stärke unseren Glauben an deine Nähe,
damit die täglichen Sorgen uns nicht erdrücken
und wir dir und den Menschen dienen können.

Darum bitten wir durch Jesus Christus,
deinen Sohn, unseren Herrn und Bruder,
der bei dir lebt in Ewigkeit.

23.
Zu Mt 10,37–42:
Gerechter und guter Gott,
dein Sohn spricht zu uns:
„Wer nicht sein Kreuz auf sich nimmt,
ist meiner nicht würdig."
In der Taufe sind wir mit Christus gestorben und auferstanden.
Gib uns die Kraft,
unser Leben im Alltag zu bestehen.
Wenn wir Leid erfahren, mach uns bereit,
das Kreuz deines Sohnes mitzutragen,
und schenke uns die Herrlichkeit, die uns verheißen ist,
durch Jesus Christus, unseren Herrn.

24.
Zu Mt 13,1–23:
Gott, unser Schöpfer,
dein Wort ist wie guter Samen,
der in unsere Herzen gesenkt wird.
Steh uns bei,
daß wir dein Wort hören und verstehen,
daß wir danach handeln und reiche Frucht bringen.
Sei du die Kraft,
die unsere Sinne stärkt und Leben schenkt,
in Jesus Christus, deinem Sohn,
der mit dir und dem Heiligen Geist lebt in Ewigkeit.

25.
Zu Mt 18,20:
Gütiger Gott,
dein Sohn hat verheißen:
„Wo zwei oder drei in meinem Namen versammelt sind,
da bin ich mitten unter ihnen."
Im Vertrauen auf seine Gegenwart bitten wir dich:
Sei uns nahe mit dem Geist der Einheit und des Friedens.
Laß uns danach suchen,

was in deinen Augen für uns der richtige Weg ist.
Gib uns die Bereitschaft, für deine Botschaft einzutreten
durch Jesus Christus, unseren Herrn,
der mit dir und dem Heiligen Geist lebt und herrscht in Ewigkeit.

26.
Zu Joh 2,1–11:
Gott, wunderbar bist du in deiner Kraft,
die alles verwandelt.
Die Gäste der Hochzeit zu Kana
haben mehr getrunken als Wasser,
und wir hören dein Wort,
das mehr ist als unsere Worte.
Laß uns immer wieder deine Frohe Botschaft hören,
bis wir dich erkennen beim Festmahl ewiger Freude in deinem Reich.
Darum bitten wir in der Gemeinschaft des Heiligen Geistes
durch Jesus Christus, unseren Herrn.

27.
Im Advent:
Gütiger Gott,
sieh voll Erbarmen auf uns.
Wir sind dein Volk,
das im Glauben die Geburt Jesu Christi freudig erwartet.
Bereite unsere Herzen für das Fest der Erlösung,
und erfülle durch das Gedächtnis seiner Menschwerdung
alle Menschen mit Hoffnung und Zuversicht.
Darum bitten wir durch ihn, Jesus Christus, deinen Sohn,
unseren Herrn und Gott,
der im Heiligen Geist mit dir lebt in Ewigkeit.

28.
Im Advent:
Gott,
du läßt uns in dieser adventlichen Zeit
voll Freude deinem Sohn entgegeneilen.
Laß nicht zu,
daß irdische Aufgaben und Sorgen
uns den Weg verstellen.
Gib uns in deiner Weisheit sicheres Geleit,

und führe uns zur ersehnten Gemeinschaft mit ihm,
Jesus Christus, deinem Sohn.
Durch ihn sei dir Lobpreis und Ehre
in der Einheit des Heiligen Geistes
jetzt und in Ewigkeit.

29.
In der Fastenzeit:
Gott des Lebens,
alle Schrecken dieser Welt sind Teil unserer Geschichte,
ein drückendes Joch, das wir nicht abwerfen können.
Nimm unsere Schuld,
versöhne uns mit dir
und untereinander.
Du bist der große und gute Gott,
du bist wie Vater und Mutter zu uns,
du nimmst uns an trotz unserer Schuld.
Wir danken dir für deine Liebe
und bitten dich um Frieden
für uns und alle Menschen,
für unseren Kontinent und die ganze Welt.
Dir sei Lobpreis und Ehre
durch Jesus Christus im Heiligen Geist,
jetzt und in Ewigkeit.

3.2 Gedeutete Zeichenhandlungen

3.2.1 Wasser

1.
Allmächtiger, ewiger Gott,
du hast das Wasser geschaffen als Element des Lebens.
Im Wasser der Taufe werden wir neu geboren,
von Schuld gereinigt
und beschenkt mit der Freiheit deiner Kinder.
Wir feiern den Tag der Auferstehung Jesu Christi
und bitten dich:
Segne dieses Wasser,
mit dem wir uns bezeichnen in deinem Namen.

Es sei uns ein Zeichen deiner Güte,
die uns befreit.
Laß die Quelle des wahren Lebens nicht versiegen
und deinen Lebensstrom in uns weiterfließen,
bis wir vollendet werden in dir.
Darum bitten wir durch Jesus Christus,
unseren Herrn.

2.
Treuer Gott,
du willst, daß alle eins sind in der Liebe.
In der Taufe hast du uns als deine Kinder angenommen.
Segne dieses Wasser,
das uns am Tag der Auferstehung an die Taufe erinnert.
Du hast uns von Schuld befreit
und in die Fülle des neuen Lebens geführt.
Stärke unsere Gemeinschaft untereinander,
und offenbare dein Erbarmen,
damit wir alle Trennungen überwinden.
Ermutige uns, neue Wege zu gehen
und dein Reich unter den Menschen zu bauen.
Durch die Gemeinschaft der Getauften
laß deine Kirche als Zeichen deiner Gegenwart sichtbar werden.
So preisen wir dich, Gott, allmächtiger Vater,
du Schöpfer des Himmels und der Erde.
Wir verehren deinen Sohn, Jesus Christus,
der durch seinen Tod und seine Auferstehung
das Leben neu geschaffen hat.
Wir rühmen dich im Heiligen Geist,
der unsere Kraft und Stärke ist.
Dir sei Lobpreis und Ehre in Ewigkeit.

3.
Gott, du Geber alles Guten,
du Quelle, aus der unsere Hoffnung strömt.
Du schenkst uns das Wasser,
das Leben auf unserer Erde erst möglich macht.
Alles Unreine und Böse wäscht das Wasser von uns ab.
Die Urfluten
haben deiner Gegenwart unter den Menschen den Weg bereitet.

Wir bitten dich:
Segne dieses Wasser,
das uns an dein machtvolles Wirken in der Welt erinnert.
Es ist ein Zeichen unserer Taufe,
die uns von der Urschuld befreit
und uns das neue Leben geschenkt hat.
Laß deine Gnade immer neu in uns fließen,
und reinige uns von aller Sünde,
damit wir mit ganzem Herzen dein Gedächtnis feiern.
Schenke uns immer neu deine Gegenwart,
bis wir einst dein Angesicht in Ewigkeit schauen.
Darum bitten wir durch deinen Sohn, Jesus Christus,
unseren Herrn und Gott,
der im Heiligen Geist mit dir lebt in Ewigkeit.

4.
Allmächtiger, guter Gott,
du hast das Wasser geschaffen.
Es kann uns ein Symbol sein für Reinigung und Lebendigkeit.
Am Anfang der Schöpfung
schwebte dein Geist über dem Wasser als Zeichen des Lebens;
das jüdische Volk
zog beim Auszug aus Ägypten durch das Rote Meer
und wurde so durch das Wasser gerettet;
schließlich ließ sich Jesus von Nazaret im Jordan taufen,
dein Heiliger Geist kam auf ihn herab, und deine Stimme sagte:
„Dies ist mein Sohn, den ich liebe."
Wir bitten dich:
Schenke diesem Wasser die Kraft deines Heiligen Geistes.
Reinige uns von aller Schuld,
und erneuere in uns dein Leben.
Denn du hast uns den Glauben gegeben
und uns zur Taufe berufen in Jesus Christus, unserem Herrn.

5.
Guter und barmherziger Gott,
alles hast du geschaffen:
Erde, Feuer, Luft und Wasser.
Das Wasser hast du geschaffen,
um dürres Land fruchtbar zu machen,

unseren Durst zu stillen und uns zu reinigen.
Durch das Rote Meer hast du einst dein Volk aus Ägypten befreit
und die böse Macht des Pharao ertränkt.
In der Wüste
hast du die Israeliten mit Wasser aus dem Felsen gestärkt.
So ist das lebendige Wasser
ein Bild für deinen Bund mit den Menschen.
Segne, o Gott, dieses Wasser.
Es erinnert uns an die Taufe,
durch die wir als Kinder Gottes angenommen wurden.
Schenke uns deine Gnade,
und gewähre uns neu die Fülle deiner Gegenwart
durch Jesus Christus, unseren Bruder und Herrn.

3.2.2 Licht

1.
Gott, du Ursprung und Quelle allen Lichtes.
Im Tempel hast du dem Simeon und der greisen Hanna
Christus geoffenbart.
Er ist das Licht, das die Heiden erleuchtet,
er ist das rettende Tun, das die Völker zum Frieden führt.
Segne dieses Licht,
an dem wir unsere Kerzen entzünden – zu deinem Lob.
Führe uns auf den Wegen des Glaubens zu jenem Licht,
das niemals erlöschen wird.
Darum bitten wir durch Jesus Christus, unseren Herrn.

2.
Gott, wunderbares Licht.
Als Finsternis die Erde umhüllte
und die Urfluten sie bedeckten,
traf der Strahl deiner Liebe unsere Welt.
Immer wieder verkündeten die Propheten deine Herrlichkeit
und führten dein Volk auf die Wege des Heils.
Als die Fülle der Zeiten gekommen war,
sandtest du deinen geliebten Sohn, das Licht der Welt.
Er stieg hinab in die Finsternis des Todes,
doch du hast ihn nicht verlassen,

sondern auferweckt in dein unvergängliches Licht.
So hat das Leben den Tod besiegt;
du hast uns befreit aus dem Dunkel unserer Angst.
Segne an diesem österlichen Tag
die Kerze, die wir zu deiner Ehre entzünden,
und schenke uns neues Leben.
Darum bitten wir durch Jesus Christus,
deinen Sohn, der mit dir lebt in Ewigkeit.

3.2.3 Weihrauch

1.
Gott des Lebens, Herr der Welt.
Du hast uns Menschen geschaffen
und die Erde bewohnbar gemacht.
Wir danken dir für die Pflanzen
und ihre Früchte.
Mit dem Harz der Bäume
schenkst du uns den Weihrauch,
den wir zu deinem Lob verbrennen.
Segne diese Weihrauchkörner;
sie erinnern uns an dein machtvolles Wirken in unserer Welt.
Nimm mit dem Duft, der zu dir aufsteigt,
auch unsere Bitten und unseren Dank entgegen.
Darum bitten wir durch Jesus Christus, deinen Sohn,
der mit dir lebt in Ewigkeit.

2.
Gott, Vater im Himmel,
du bist deinem Volk als Feuersäule erschienen
und hast es durch die Wüste geleitet.
Groß ist dein Name über uns allen ausgerufen;
du bist das Feuer, das unsere Finsternis vertreibt
und Licht und Wärme gibt.
Segne die Kohle und das Harz der Bäume,
das wir zu deinem Lob entzünden.
Laß unser Gebet wie Weihrauch vor dir aufsteigen,
und nimm unsere Bitten an.
Wie die einzelnen Körner auf der Kohle verschmelzen,

so laß auch uns eine Gemeinschaft sein,
die sich zur Ehre deines Namens versammelt hat.
Darum bitten wir dich
und jubeln dir Lobpreis empor,
dem Vater, dem Sohn und dem Heiligen Geist,
jetzt und allezeit und in Ewigkeit.

3.
Gepriesen bist du, Gott, unser Vater, Schöpfer der Welt.
Du schenkst uns die Früchte der Arbeit,
die Farben der Blumen,
das Grün der Pflanzen
und das Harz der Bäume.
Segne diese Körner,
die wir jetzt vor deinem Angesicht entzünden,
damit der Duft des Weihrauchs uns erfreue
und unsere Sinne belebe.
Er sei ein Zeichen für unsere Gebete,
die zu dir, Allmächtiger, aufsteigen.
Dir sei die Ehre in Ewigkeit.

4.
Allmächtiger, großer Gott,
du bist die Liebe,
du bist der Schöpfer der Welten,
der Herr über Finsternis und Licht.
Du hast Sonne und Feuer geschaffen
und so das Leben möglich gemacht.
Wir bitten dich:
Segne diesen Weihrauch,
den wir vor deinem Angesicht verbrennen.
Mit dieser Gabe bringen wir auch unsere Bitten und Gebete
vor dich, unseren Gott.
Wie der Rauch vor dir aufsteigt,
so nimm auch uns an,
laß uns deine Gegenwart erahnen,
und schenke uns die Gewißheit deiner Liebe.
Dir gebühren Lobpreis und Ehre,
dir, dem Vater, dem Sohn und dem Heiligen Geist.

3.3 Schuldbekenntnisse und Vergebungsgebete

1.
Laßt uns in Stille nachdenken,
was wir in der vergangenen Woche erlebt haben,
worüber wir uns gefreut haben,
worüber wir traurig waren,
wo wir die Kraft Gottes in uns oder in den Menschen gespürt haben,
denen wir begegnet sind.
Gott, der Herr, wird uns all das verzeihen,
was wir gedacht haben, ohne ihn mit zu bedenken.
Er wird überall dort vergeben,
wo wir gehandelt haben, ohne ihn an uns handeln zu lassen.
Er wird überall dort Versöhnung schenken,
wo wir seine Freundschaft mit uns nicht sichtbar gelebt haben.
Laßt uns vor Gott und voreinander unsere Schuld bekennen:

Gemeinsam wird das Schuldbekenntnis gesprochen: „Ich bekenne Gott, dem Allmächtigen ..." (Gotteslob Nr. 353,4).

Der allmächtige und gute Gott erbarme sich unser;
er verzeihe uns die Sünden,
versöhne uns mit ihm und untereinander
und führe uns einst zu ewigem Leben.

2.
Wir stehen als schuldige Menschen vor Gott.
Vor ihm und voreinander bekennen wir unsere Schuld:
Gott,
wir müssen uns nicht scheuen,
unsere Augen zu dir zu erheben.
Doch Schuld lastet auf uns.
Was wir getan haben, war oft nicht gut.
Unsere Gedanken, unser Reden und unsere Werke
stören deine Ordnung.
Wir haben keinen Frieden gestiftet.
Wir haben kein Wort gesagt.
Wir haben keine Hand gerührt.
Wir haben keinen Schritt getan.
Wir haben keinen Einspruch erhoben.

Wir haben nicht nachgegeben.
Wir haben nicht verziehen.
Wir haben nicht getröstet.
Wir haben nicht versöhnt.
Wir haben nicht geschlichtet.
Wir haben geschwiegen und weggesehen.
Erbarme dich, Herr, unser Gott, erbarme dich.

Die Gemeinde antwortet: „Denn wir haben vor dir gesündigt."

Erweise, Herr, uns deine Huld.

Die Antwort der Gemeinde lautet: „Und schenke uns dein Heil."

Nachlaß, Vergebung und Verzeihung unserer Sünden gewähre uns der allmächtige und barmherzige Herr.

3.
Gott, unser Vater, will nicht den Tod des Sünders,
sondern daß er umkehrt und lebt.
Er selbst hat uns zuerst geliebt
und seinen Sohn in diese Welt gesandt,
um die Menschen zu erlösen.
Er sei uns barmherzig
und schenke uns den Frieden.

Jesus Christus, unser Herr, hat für uns gelitten,
ist in den Tod gegangen und auferstanden.
Er hat den Aposteln den Heiligen Geist gesandt,
damit sie in seinem Namen die Sünden vergeben.
Er erlöse uns vom Bösen
und schenke auch uns den Heiligen Geist.

Der Heilige Geist ist uns geschenkt zur Vergebung der Sünden.
Er erleuchtet unsere Herzen und weist uns den Weg zum Vater.
In ihm erkennen wir den Weg,
der uns aus der Finsternis in das Licht seiner Herrlichkeit ruft.
Er lasse uns die Sünden nach
und schenke uns Versöhnung.

Gott, dem Dreieinen, sei Dank, Lob und Preis in Ewigkeit!

Nach jedem Abschnitt antwortet die Gemeinde mit „Amen“.

4.
Gott,
du unsere Versöhnung,
wir haben deine Frohe Botschaft gehört.
Voll Vertrauen kommen wir zu dir
und bekennen unsere Sünden.
In Stille erforschen wir unser Gewissen
und denken über unser Leben nach,
denn auf deine Vergebung bauen wir.

Stille

Gott, du kennst einen jeden von uns.
Du weißt, daß unsere Lebensgeschichten
immer wieder auch die Geschichten
von Ängsten, Zweifeln
und zerbrochenen Hoffnungen sind.
Du aber, guter Vater im Himmel,
bist Zuversicht und Erfüllung.
Vergib uns unsere Schuld,
und schenke uns dein Heil.
Darum bitten wir durch Jesus Christus, unseren Herrn.

5.
Laßt uns beten, Schwestern und Brüder,
daß der allmächtige und gute Gott
uns die Gnade ehrlicher und heilsamer Buße schenkt.

Stille

Barmherziger Gott,
verzeih uns unsere Schuld,
versöhne uns mit dir,
und gib uns den Frieden.
Darum bitten wir durch Jesus Christus, unseren Herrn.

3.4 Friedensgebete

Nach dem Gebet fordert die Leiterin/der Leiter jeweils auf: „Gebt euch ein Zeichen des Friedens und der Versöhnung!"

1.
In deine Hand, guter Gott, geben wir unseren Geist.
Erbarme dich über alle,
die sich verlassen fühlen
und den Weg verloren haben.
Schenke Zuversicht denen,
die sich in die Nacht der Haltlosigkeit flüchten.
Verzeih uns unsere Ängstlichkeit,
die uns hindert, den ersten Schritt zu tun.
Versöhne uns,
wo Unfrieden und Streit die Oberhand gewonnen haben.
Sei unsere Mitte
und die Quelle unserer Hoffnung und unseres Friedens.
Für deinen Schutz und für dein Licht sagen wir Dank.
Dir sei die Ehre in Ewigkeit.

2.
Gott, du bist unser Vater.
Nimm von uns die Schuld,
und verwandle unsere Schwäche in Zuversicht und Kraft.
Heile unsere Enttäuschungen,
und laß uns deinen Frieden finden.
So bitten wir dich durch Jesus Christus, unseren Herrn.

3.
Guter Gott, du unsere Hoffnung und unser Friede.
Wir kommen zu dir
mit unserer Schuld und unserem Versagen.
Wir haben unsere Augen geschlossen
vor dem Elend der Menschen,
wir haben unsere Ohren verstopft vor den Rufen der Armut,
wir haben unsere Hände versteckt vor dem Leid der Welt.
Du, Gott, versöhnst uns mit dir und untereinander.
Schenke uns Vergebung und Frieden.

4.
Die Nacht ist vorüber, der Tag bricht an.
Du, Gott, bist unsere Kraft und unser Leben.
Wir haben diese Kraft verschleudert und das Leben verachtet;
wir haben unsere Gedanken verschwendet
und das Dunkle geliebt.
Wir haben den Versuchungen des Geistes und der Selbstsucht
nicht widerstanden.
Verzeihe uns,
und versöhne uns mit dir und untereinander.
Schenke deinen Frieden,
und begleite uns in das Licht eines neuen Morgens.
Für deine Zuneigung und Güte danken wir dir
durch Jesus Christus, unseren Herrn.

5.
Gott der Versöhnung und des Trostes.
Die Welt ist voller Unfrieden,
auch unsere kleine Welt, unsere Gemeinde, unsere Familie.
Wir leiden unter unserer Unfähigkeit,
den Frieden und die Liebe dauerhaft zu errichten.
Doch du bist der Friede,
und du lädst uns ein zu Umkehr und Versöhnung.
Du erbarmst dich über uns und läßt uns die Sünden nach.
Du, gütiger Gott, gewährst uns Vergebung und Frieden.
Dir sei der Lobpreis und die Ehre in Ewigkeit.

3.5 Schlußgebete

1.
Gott,
du kommst zu uns
so sicher wie die Morgenröte.
Du kommst zu uns
wie der Regen, der die Erde tränkt.
Mit deiner Liebe umfängst du uns.
Laß uns zu Menschen werden,
durch die dein Geist hindurchstrahlt;
treibe uns durch die Kraft,

die leben läßt.
Darum bitten wir durch Jesus Christus, unseren Herrn.

2.
Gott, himmlischer Vater,
du bist der Schöpfer der Welt.
Du hältst alles Leben in deinen Händen.
Wir bitten dich:
Schenke uns immer wieder das Licht deiner Gegenwart,
und wecke uns jeden Morgen in deinem Namen,
damit dein Licht und deine Wärme unsere Tage erfüllen.
Darum bitten wir im Heiligen Geist
durch Jesus Christus, unseren Herrn.

3.
Gott, unsere Heimat und Zuflucht,
du bist die Hoffnung auf unvergängliches Heil.
Sei die Kraft, die uns im Leben alles tragen läßt;
bleibe du das Licht,
das uns führt auf dem Weg zu dir,
durch Jesus Christus, unseren Herrn.

4.
Gott, unser Schöpfer,
du unsere Hoffnung und unser Trost.
Du schaffst einen neuen Himmel und eine neue Erde.
In Jesus, deinem Sohn, durften wir deine Liebe erfahren.
Du bist es, der unsere Schritte lenkt auf den Weg des Friedens.
Schenke uns den Willen zu Umkehr und Versöhnung,
damit wir im Alltag als deine Zeugen leben.
Darum bitten wir dich im Heiligen Geist
durch Jesus, den Christus und Erlöser,
der du lebst in Ewigkeit.

5.
Gott, unser Schöpfer,
du hast uns in Jesus, deinem Sohn,
deine Zärtlichkeit und Liebe geoffenbart.
Hilf uns,
dir zu folgen, wo du vorangehst,

zu verweilen, wo du bist,
zu trauern, wo du stirbst,
zu tanzen, wo du auferstehst.
Du bist unser Weg
in Jesus Christus, unserem Herrn.

6.
Du Gott in unserer Mitte.
Dank sei dir für deine Gegenwart,
für dein Wort und deine Zusage an uns, deine Gemeinde.
Wir bitten dich:
Sei mit uns auf dem Weg,
daß wir im Alltag von dir Zeugnis geben.
Sei unsere Hoffnung,
wenn unser Leben in Bedrängnis gerät.
Du bist der treue Gott, den wir anrufen und bitten
durch Jesus Christus, deinen Sohn, unseren Herrn,
der mit dir lebt in Ewigkeit.

7.
Gott, unsere Zuflucht,
in Jesus, deinem Sohn, bist du uns Menschen nahe.
Ihm sind wir in dieser Feier begegnet,
er läßt uns hungern nach Gerechtigkeit.
Bleib bei uns auf unseren Wegen,
und führe uns zum Himmelreich des ewigen Friedens
durch Jesus Christus, deinen Sohn,
der mit dir und dem Heiligen Geist lebt in Ewigkeit.

8.
Guter Vater im Himmel,
du hast unsere Ohren geöffnet,
so daß wir deine Botschaft hören konnten;
du hast unseren Mund mit Liedern gefüllt
zu deinem Lob.
Wir bitten dich:
Bewahre uns vor bösen Gedanken,
die uns entfernen von dir.
Sei du bei uns,
auch wenn Alltag und Gewohnheit von uns Besitz ergreifen,

damit alles in unserem Leben zu deinem Lob geschieht.
Dir sei in unseren Tagen die Ehre immerdar,
dir, dem Vater, durch den Sohn im Heiligen Geist.

9.
Gott, du Urgrund unseres Seins.
Wir danken dir für Jesus, deinen Sohn,
der als unser Herr und Bruder mitten unter uns ist.
Sei immer unser Ziel,
wenn wir auf seinen Spuren dich verkünden.
Sei unsere Hoffnung,
wenn unsere Sinne dich, den Verborgenen, suchen.
Darum bitten wir durch ihn, Jesus Christus, unseren Herrn.

10.
Gott,
dein Sohn ist Licht vom Licht.
Er ist der Friede, den Menschen ersehnen.
Bleib bei uns auf dem Weg,
und erleuchte uns immer neu mit deinem Geist,
damit wir in das ewige Licht gelangen,
in dem du mit deinem Sohn Jesus Christus und dem Heiligen Geist
lebst in Ewigkeit.

11.
Gott, unser Vater,
im Heiligen Geist mit dir verbunden,
haben wir die Worte der Frohen Botschaft empfangen
und die Gegenwart deines Sohnes gefeiert.
Erhalte in uns den Glauben an dich,
den einen Gott in drei Personen.
Darum bitten wir durch Jesus Christus, unseren Herrn.

12.
Guter Gott,
deine Liebe zu uns Menschen
begegnet uns in Jesus, deinem Sohn.
Er ist das Lamm, das uns erlöst hat;
er ist das Licht, das unser Leben hell macht.
Stärke in uns den Willen zum Guten,

daß wir dich als Gott der Liebe bezeugen.
Darum bitten wir im Heiligen Geist
durch Jesus Christus, unseren Herrn.

13.
Wir danken dir, Gott, unser Retter.
Du hast uns deinen Sohn gesandt:
Jesus Christus, den Gesalbten.
In ihm verkündest du Befreiung
und forderst uns zur Entscheidung heraus.
Wir staunen über die Kraft seines Wortes,
wir glauben an die Macht seiner Liebe.
Hilf uns,
durch Christi Wort gestärkt,
unser ganzes Leben nach ihm auszurichten.
So bitten wir durch ihn, unseren Erlöser und Herrn.

14.
Vater im Himmel,
vor deiner Macht ist unser Leben klein;
du machst es groß durch deine Zuwendung.
Jesus, dein Sohn, hat Kranke geheilt
und Tote auferweckt.
Laß uns in diesem Leben dein Heil erfahren.
Und wenn wir unsere Zeit in deine Hände zurücklegen,
gewähre uns die Ewigkeit in deinem himmlischen Reich.
Darum bitten wir
durch Jesus Christus, unseren Herrn.

15.
Barmherziger Vater,
du Freund der Armen!
Du schenkst dich uns in deinem Sohn,
der die Mitte unserer Versammlung ist.
Sei bei uns mit deiner Gnade,
umleuchte uns mit deinem Licht,
begleite uns auf unseren Wegen,
bis wir zu dir gelangen
durch Jesus Christus, unseren Herrn.

16.
Zu Mt 5,17–37:
Gott, du Fülle der Weisheit,
du siehst auf unser Tun.
Deinen Sohn hast du gesandt,
er hat uns das neue Gesetz der Liebe gebracht.
Gib uns Entschiedenheit,
in unserem Leben
auf dem Weg deiner Weisungen zu gehen,
und schenke uns deine Gerechtigkeit
in Jesus Christus, unserem Herrn.

17.
Zu Mk 4,26–34:
Guter Vater im Himmel,
du läßt aus dem kleinen Samen Großes wachsen.
Sei unsere Stärke,
und laß dein Reich in uns Gestalt annehmen,
damit alle Menschen deine Liebe erkennen
und einst die Freude des Himmels erreichen.
Das erbitten wir von dir
durch Jesus Christus, unseren Herrn.

18.
Zu Lk 4,14–21:
Gott, unser Heil,
was du verheißen hast
durch den Mund deiner heiligen Propheten,
hat sich heute in unserer Mitte erfüllt:
Dein Sohn ist zu uns gekommen,
um unsere Gebrechen zu heilen
und Befreiung zu bringen
allen, die in Ketten liegen.
Wir danken dir und bitten dich:
Sende uns aus,
zu bezeugen, was uns geschenkt worden ist.
Gib uns Kraft,
deine Botschaft der Freude in die Welt zu tragen,
durch Jesus Christus, unseren Herrn.

Die folgenden drei Gebete beziehen sich auf eine Wortgottesfeier mit Kommunion:

19.
Gott, Vater im Himmel!
In dieser Feier waren wir Gäste
am Tisch deines Sohnes.
Er ist uns Kraft und Stärke
in den Stürmen unseres Lebens.
Begleite unsere Tage,
und sei unser Beistand mit deinem Heiligen Geist,
bis du uns heimrufst in dein himmlisches Reich.
Darum bitten wir dich
durch Jesus Christus, unseren Herrn.

20.
Gott der Weisheit und der Stärke,
du hast uns im Wort und Sakrament
deine Gegenwart geschenkt
und unsere Gemeinschaft erneuert.
Gedenke deiner Kirche,
und erlöse sie von allem Bösen.
Sammle Menschen von allen Enden der Erde in dein Reich,
und vollende uns in deiner Liebe.
Dir sei Lobpreis und Ehre in Ewigkeit.

21.
Guter Gott,
du König des Himmels!
Das Wort deines Sohnes haben wir gehört,
und seinen Leib haben wir empfangen;
er selbst ist mitten unter uns.
Begleite uns mit deinem Geist,
dem Hauch des Lebens,
der uns einst führt vor deinen himmlischen Thron.
Darum bitten wir
durch Jesus Christus, unseren Herrn.

3.6 Segensgebete

Am Schluß der Segensgebete bezeichnet die Leiterin/der Leiter sich selbst mit dem Kreuzzeichen.

1.
Gott, unser Vater im Himmel.
Dein Sohn ist in unserer Mitte gegenwärtig.
Er ist die Hoffnung, die du uns geschenkt hast.
Segne uns, und bleibe bei uns mit deinem Geist.
Dir sei die Ehre und der Lobpreis,
dir, dem Vater, dem Sohn + und dem Heiligen Geist.

2.
Gütiger Vater,
sei mit deinem Geist in unserem Leben.
Dein Segen begleite unseren Alltag
und lenke unsere Schritte auf deinen Wegen.
Dir sei der Lobpreis, dir sei die Ehre und der Ruhm,
dir, dem Vater, dem Sohn + und dem Heiligen Geist.

3.
Gott,
dein Atem durchströme uns,
deine Liebe erneuere uns,
dein Zuspruch richte uns auf,
unter deinen Flügeln laß uns geborgen sein.
Segne uns, Gott,
du Vater, Sohn + und Heiliger Geist.

4.
Gott, du allmächtiger und ewiger.
Du bist der Schöpfer der Welt.
Durch deinen Atem entstand die Erde,
entfaltete sich die ganze Schöpfung.
Wir bitten dich um Segen für uns und unser Land.
Bleibe bei uns mit deinem nie verlöschenden Geist,
damit wir in dir geborgen sind bis zum Ende unserer Tage.
So segne uns der dreieine Gott,
der Vater, der Sohn + und der Heilige Geist.

5.
Segne und behüte uns,
du Gott des Friedens und der Hoffnung.
Bleibe bei uns mit deinem Geist,
und laß dein Angesicht über uns leuchten.
Bewahre uns in deiner Gnade und in deinem Frieden.
Das gewähre uns der dreifaltige Gott,
der Vater, der Sohn + und der Heilige Geist.

6.
Allmächtiger Gott,
du Beschützer aller, die auf dich vertrauen.
Segne uns, die wir uns in deinem Namen versammelt haben.
Sei mit uns auf unseren Wegen,
und schütze uns, wenn der Alltag uns zu erdrücken droht,
du unsere Hoffnung und Zuversicht.
Der Segen des allmächtigen Gottes,
des Vaters, des Sohnes + und des Heiligen Geistes
bleibe bei uns in Ewigkeit.

7.
Du Gott des Friedens,
du Zuflucht und Schutz aller, die zu dir beten.
Segne dein Volk,
das im Vertrauen auf dich und deinen Beistand zu dir ruft.
Schütze uns vor aller Spaltung,
die uns von dir und voneinander trennt.
Darum bitten wir durch Jesus Christus, unseren Herrn.
Der Segen des allmächtigen Gottes,
des Vaters, des Sohnes + und des Heiligen Geistes
komme auf uns
und bleibe bei uns allezeit.

8.
Großer und barmherziger Gott,
du bist in unserer Mitte gegenwärtig;
dein ewiges Wort ist uns erschienen.
Sei du die Hoffnung, die uns trägt.
Leite und schütze uns,
damit wir der Welt Zeugnis geben

von deiner Güte und Barmherzigkeit.
So segne uns, guter Gott,
Vater, Sohn + und Heiliger Geist.

3.7 Thematisches Register zu den Texten

Abkürzungen:

E	Eröffnungsgebet
Wa	Gedeutete Zeichenhandlung „Wasser“
L	Gedeutete Zeichenhandlung „Licht“
W	Gedeutete Zeichenhandlung „Weihrauch“
V	Schuldbekenntnis und Vergebungsgebet
F	Friedensgebet
Sch	Schlußgebet
S	Segensgebet

Die Nummern hinter den Abkürzungen verweisen auf den entsprechenden Text.

Abkürzungen

AEM	Allgemeine Einführung in das Römische Meßbuch (in: Sekretariat der Deutschen Bischofskonferenz [Hg.], Die Meßfeier – Dokumentensammlung)
AnzSS	Anzeiger für die Seelsorge
CIC	Codex Iuris Canonici
CiG	Christ in der Gegenwart
DBK	Deutsche Bischofskonferenz
DLI	Deutsches Liturgisches Institut
EKD	Evangelische Kirche in Deutschland
FS	Festschrift
Gd	(Zeitschrift) Gottesdienst
GdK	Gottesdienst der Kirche
LG	Lumen Gentium (in: Rahner/Vorgrimler, Kleines Konzilskompendium)
LJ	Liturgisches Jahrbuch
LThK	Lexikon für Theologie und Kirche
SGOP	Sonntagsgottesdienst ohne Priester
SC	Sacrosanctum Concilium (in: Rahner/Vorgrimler, Kleines Konzilskompendium)
VApS	Verlautbarungen des Apostolischen Stuhls

Umschlaggestaltung
unter Verwendung eines Wettbewerbsentwurfs
für die drei Chorfenster der St.-Nicolai-Kirche in Kalkar

von Günter Grohs, Wernigerode